Conserver la Couverture

LA

PEINTURE SUR TOILE

IMITANT LES TAPISSERIES

ET SON APPLICATION

A LA DÉCORATION INTÉRIEURE

LEÇONS PRATIQUES

SUR L'EMPLOI DES COULEURS LIQUIDES

PAR

Julien GODON

PARIS

MARY, ÉDITEUR, 70, RUE ROCHECHOUART

LONDRES	BRUXELLES
LECHERTIER, BARBE ET Cᵒ,	ADÈLE DESWARTE,
60, REGENT STREET	28, RUE DE LA VIOLETTE

ET CHEZ TOUS LES LIBRAIRES

1877

LA

PEINTURE SUR TOILE

IMITANT LES TAPISSERIES

PARIS. — IMPRIMERIE PILLET ET DUMOULIN

RUE DES GRANDS-AUGUSTINS, 5

LA

PEINTURE SUR TOILE

IMITANT LES TAPISSERIES

ET SON APPLICATION

A LA DÉCORATION INTÉRIEURE

LEÇONS PRATIQUES

SUR L'EMPLOI DES COULEURS LIQUIDES

PAR

Julien GODON

PARIS

MARY, ÉDITEUR, 70, RUE ROCHECHOUART

LONDRES
LECHERTIER-BARBE ET Cᵒ,
60, REGENT STREET

BRUXELLES
ADÈLE DESWARTE,
28, RUE DE LA VIOLETTE

ET CHEZ TOUS LES LIBRAIRES

AVANT-PROPOS

La peinture proprement dite n'a joué chez les anciens qu'un rôle secondaire, mais la peinture décorative considérée comme le complément de l'architecture s'était développée aussi librement. « Plus on remonte vers les temps antiques, plus on reconnaît, dit M. Viollet-le-Duc, qu'il existait une alliance intime entre l'architecture et la peinture. Tous les édifices de l'Inde, ceux de l'Asie Mineure, ceux d'Égypte, ceux de la Grèce étaient couverts de peinture en dedans et en dehors. L'architecture des Doriens, celle de l'Attique, de la Grande Grèce et de l'Étrurie étaient peintes. »

De nos jours la peinture décorative a pris un développement considérable. Aujourd'hui, bien plus qu'autrefois, le progrès des arts, l'épuration du goût, les caprices de la mode, les exigences du luxe, et surtout l'habitude du bien-être qui s'est répandu dans toutes les classes de la société, ont fait du peintre décorateur un auxiliaire indispensable pour l'ornementation des constructions modernes.

Les monuments publics : *Églises, Palais, Théâtres, Châteaux, Hôtels, Mairies*, etc., ne sont considérés comme achevés qu'après avoir reçu le complément artistique que leur donne l'intervention du peintre décorateur, ce qui est pour ainsi dire une consécration finale de l'œuvre de l'architecte.

Comme chaque progrès en amène un autre, une industrie nouvelle est venue prêter son concours et contribuer, dans une large mesure, à ce développement artistique en en facilitant la propagation. Nous voulons parler de la toile pour peinture de décor pour plafonds et pour panneaux d'appartements.

C'est en 1861, à la première exposition de l'Union Centrale des beaux arts appliqués à l'industrie, que ce nouveau produit fit son apparition. Il avait été créé, depuis quelque temps déjà, par M. Binant, l'un des premiers fondateurs de l'Union Centrale des beaux-arts.

L'année suivante, à Londres, à l'Exposition universelle de 1862, ces toiles, par leurs grandes dimensions sans coutures, furent remarquées de nouveau, et les largeurs de 6 et 8 mètres, qui y figurèrent et qui y furent récompensées, affirmèrent la voie nouvelle qui s'ouvrait pour la peinture décorative.

Les journaux artistiques de cette époque, le *Moniteur des arts*, le *Propagateur illustré*, le *Journal-Manuel de peinture*, le *Conseiller des artistes*, etc., signalèrent à l'attention publique la révolution que devait forcément entraîner l'usage de cet élément nouveau de production artistique.

Les événements ont justifié ces prévisions [1]. Aussi, depuis cette époque, que de travaux exécutés à l'atelier, sans fatigue, avec toutes les ressources que donnent les matériaux réunis sous la main ; que d'œuvres importantes, en dehors même des grandes pages du nouvel Opéra, des églises de Saint-Augustin et de la Trinité, de l'hôtel de la Légion d'honneur, etc.; que d'œuvres, disons-nous,

---

1. On trouvera dans la seconde partie de cet ouvrage un aperçu des principaux avantages qu'offrent ces toiles au double point de vue de l'art et de l'architecture, ainsi que l'énumération des travaux les plus importants pour lesquels elles ont été employées.

ont été expédiées au loin après peinture, affranchissant ainsi les artistes de l'obligation d'aller peindre sur place, à l'aide d'échafaudages presque toujours incommodes, souvent dangereux !

En matière de progrès tout se touche, et les innovations les plus insignifiantes en apparence ont souvent une influence sérieuse, aussi bien dans les arts que dans l'industrie. On ne saurait donc nier l'influence de telle ou telle découverte sur la marche ordinaire d'une industrie quelconque. Il en est de même pour l'art décoratif; l'élan est donné ; il suivra la marche progressive du siècle.

Quelle période de la vie de l'art d'un peuple traversons-nous d'ailleurs en ce moment ? Il semble que jamais le goût pour les choses de l'art n'ait été aussi développé. Quand les expositions furent-elles aussi suivies que maintenant? Le nombre des visiteurs, comme celui des œuvres envoyées à l'examen des jurys, s'accroît chaque année. Les œuvres des peintres et des sculpteurs reçoivent un accueil empressé, de mérités hommages de la part des visiteurs. Le nombre des acheteurs s'augmente, et les prix s'élèvent.

Un autre symptôme encore de cette direction des idées vers les choses artistiques, c'est le nombre grandissant de publications spéciales, d'un prix élevé, qui paraissent sous nos yeux et trouvent tant de lecteurs. Mettre à la portée du public des modèles empruntés aux maîtres d'autrefois, comme à ceux d'à présent, a été une heureuse idée des éditeurs; ils ont eu la double satisfaction d'un succès mérité et d'un profit légitime.

Il ne faut pas craindre, ainsi qu'on l'a dit, que cette trop grande abondance de modèles, que cette facilité de se procurer des motifs, n'émoussent souvent l'imagination et n'arrivent vite à la paralyser. Pour le véritable artiste, son âme, par ces ressources, sera seulement éveillée, aiguillonnée, et mise sur le chemin de l'invention. Pour celui, au contraire, qui n'a pas ce don précieux de l'inspiration, il puisera du moins dans ces recueils le moyen de faire des œuvres tolérables. Il ne court pas le risque de perdre son originalité si cette originalité n'existe pas ou est trop faible pour résister aux dangers d'une interprétation mal comprise.

En 1828, disent les rapports officiels rédigés à l'occasion des expositions de l'industrie, nous étions devenus tributaires de l'étranger pour nombre de produits qui relèvent beaucoup de l'art, comme les papiers, les perses, les meubles riches, et, en général, tous ces dessins de nouveauté qui, en ameublement, constituent la mode.

Aujourd'hui, le contraire existe ; au lieu de rien emprunter au dehors en fait de goût, c'est nous qui imposons le nôtre aux étrangers. Une foule de dessinateurs de mérite ont pu former, à Paris, des ateliers dans lesquels on travaille, non-seulement pour nos fabricants d'étoffes, mais aussi pour la fabrication étrangère.

Pour l'art décoratif les autres pays sont tributaires, depuis longtemps, de nos compositeurs et de nos ornemanistes. Toutefois, ce joug leur pèse, et il ne faut pas se dissimuler pourtant que la création d'écoles, d'institutions nationales tend à les faire entrer dans une voie d'affranchissement. C'est un des résultats les plus nets des expositions internationales de nous avoir mis en état d'apprécier en complète connaissance de cause, avec les preuves à l'appui sous les yeux, à quelle distance nous étions des nations rivales, en deçà ou au delà, dans les diverses branches de l'art comme dans celles de l'industrie.

C'est devenu presque un devoir patriotique pour les classes aisées d'encourager nos artistes en s'intéressant à leurs œuvres, et surtout en acquérant l'instruction nécessaire pour apprécier avec discernement, avec savoir, avec goût, les créations nouvelles qui rencontrent si peu, dans le public, de juges compétents. L'aiguillon le plus vif pour un artiste sincère est l'avis d'un véritable connaisseur, d'un amateur éclairé.

Il est nécessaire de constituer de nos jours cette phalange nombreuse de fins appréciateurs auxquels, à d'autres époques, nos arts décoratifs ont été presque aussi redevables qu'aux très-habiles artistes qui les créaient de toutes pièces. Cette race de vrais amateurs a singulièrement diminué de nombre; elle ne forme plus qu'une minorité trop faible pour offrir une résistance sérieuse à la masse du public riche ou aisé qui, sans s'être donné la peine de se former et de se développer le goût, achète, commande, et prétend diriger et inspirer l'artiste et l'ouvrier.

On oublie trop les services qu'un petit groupe de gens délicats dont, en somme, les avis finissent toujours par former à la longue l'opinion publique, pourraient rendre à l'art national. Mais ces fins connaisseurs, ces amateurs d'élite ne peuvent bien se former qu'en mettant un peu la main à la pâte, car il est toujours difficile de porter un jugement autorisé sur un art dont on ignore complétement cet ensemble de procédés pratiques qui en constitue ce qu'on pourrait appeler la grammaire technique.

Est-ce à la sculpture ou à la peinture proprement dite qu'ils devront s'appliquer? S'ils avaient la persévérance, le loisir, les aptitudes, le feu sacré; si, enfin, ils réunissaient cet ensemble de circonstances et de facultés qui font les grands artistes, sans doute il faudrait leur dire : Oui, faites-vous peintre ou sculpteur. Mais que d'années à attendre avant de produire des choses, même passables !

L'imitation de la tapisserie par la peinture, sur certaines toiles, et au moyen de couleurs spéciales, n'offre pas de semblables difficultés; elle donne tout de suite à l'amateur des jouissances vives et promptes, parce qu'il acquiert en très-peu de temps la possibilité de faire des œuvres originales ou du moins estimables.

A la dernière exposition, si habilement organisée, cette année, par l'Union Centrale des beaux-arts appliqués à l'industrie dans le palais des Champs-Élysées, que de tapisseries peintes ont attiré les regards et mérité tous les suffrages !

Ici encore l'industrie est venue au secours de l'art, et des tissus ont été créés par M. Binant, qui a de nouveau pris l'initiative des recherches, et a pu produire des types de toutes les époques sur lesquels il suffit d'exécuter un sujet, une copie de tapisserie pour obtenir une réminiscence exacte des temps anciens. Comme corollaire du mouvement artistique que nous avons signalé plus haut, ces œuvres trouvent naturellement leur place dans les décorations intérieures de surfaces murales, soit comme panneaux, portières ou tentures, et justifient le goût qui s'est porté dans ces derniers temps vers ce genre de peinture, et si promptement répandu chez les amateurs et chez les artistes.

Mais pour traiter en connaissance de cause les différents genres de tapisseries anciennes et la valeur des produits de nos manufactures, il convient de pouvoir distinguer les différences de fabrication ; c'est ce que nous allons essayer de montrer. Nous indiquerons ensuite les principales pièces historiques qui existent dans nos musées et églises, et nous terminerons par quelques considérations générales sur l'influence que cette rénovation d'un genre de peinture d'une autre époque peut exercer sur la décoration moderne.

PREMIÈRE PARTIE

NOTES HISTORIQUES ET TECHNIQUES
SUR LA TAPISSERIE

TAPISSERIES REMARQUABLES

TOILES PEINTES ANCIENNES

NOTES HISTORIQUES ET TECHNIQUES

SUR LA TAPISSERIE

« Nous ne connaissons point de tapisseries antérieures au xiv° siècle, dit M. Darcel, dans son intéressant travail publié récemment
dans la *Gazette des beaux-arts*, à l'occasion de l'Exposition de l'Union
Centrale, mais l'unité de l'art au moyen âge nous permettant de
remonter du connu à l'inconnu, nous devons être certain que les
tentures les plus anciennes n'étaient, ainsi que les peintures murales, que des miniatures amplifiées. »

Dès la plus haute antiquité on savait, par la combinaison des fils
de diverses couleurs, produire des tissus imitant la peinture[1]. La
description que l'*Exode* fait des tentures qui décoraient l'intérieur du
temple de Jérusalem peut nous en convaincre. Telles de ces étoffes,
brodées à l'aiguille avec un fil de soie, de laine et d'or, avaient reçu
le nom d'*opus plumarii* (ouvrage de l'artisan), parce-qu'elles sor-
taient de l'atelier du tisserand qui les fabriquait, en combinant, à
l'aide de nombreuses navettes, des laines et des soies diversement
colorées.

1. Larousse, *Dictionnaire du* xix° *siècle*.

A Babylone aussi on décorait les temples des dieux et les palais des rois de tentures historiées.

Les femmes babyloniennes excellaient, au dire d'Apollonius, dans la confection de ces étoffes somptueuses. Philostrate nous apprend qu'on voyait dans le palais des souverains d'Assyrie des *tapisseries* tissées d'or et d'argent, qui retraçaient les fables grecques d'Andromède, d'Orphée, etc. Les fameuses *tapisseries* qui, du temps de Métellus Scipion, furent vendues 800,000 sesterces et qui, plus tard, furent achetées par Néron, pour couvrir les lits de ses festins, au prix exorbitant de 2,000,000 de sesterces (environ 412,000 francs), étaient de provenance babylonienne. On voit sur quelques monuments égyptiens des dessins de métiers à tisser et de navettes qui ont beaucoup d'analogie avec les instruments qu'on a employés depuis pour la fabrication des *tapisseries*. Les Mèdes, les Perses, les Phéniciens et plusieurs autres peuples de l'Orient étaient célèbres dans l'antiquité par leur habileté à fabriquer des tissus aux riches dessins et aux brillantes couleurs. Au dire d'Hérodote, certains peuples des bords de la mer Caspienne aimaient à figurer, sur leurs vêtements, des animaux, des fleurs, des paysages. Pendant fort longtemps, l'Orient conserva le privilége de fournir à l'Europe des étoffes, des tentures, des *tapisseries* tissées ou brodées.

La Grèce et Rome recherchèrent avec empressement ces tissus précieux. A chaque instant Homère fait mention d'ouvrages de ce genre. La toile de Pénélope, qui retraçait les exploits d'Ulysse, est demeurée célèbre. C'est par une toile sur laquelle la femme d'Ulysse avait brodé toute son aventure avec *Térée*, où Philomèle, emprisonnée et muette, avertit Progné, sa sœur, de la barbare infidélité de son époux. Hélène, pendant le siége de Troie, travaillait à une broderie représentant les combats des héros qui s'égorgeaient à cause d'elle. Le manteau d'Ulysse représentait un chien déchirant un enfant.

Tous ces ouvrages, vrais ou fabuleux, n'étaient pas sans doute, à proprement parler, des *tapisseries* ; mais la description que les auteurs grecs nous en ont laissée montre que le goût des étoffes historiées remonte à une date extrêmement reculée. Les auteurs romains, de leur côté, font souvent mention de riches tentures employées à tapisser les murs des maisons et à recouvrir les lits des festins. Les tapis attaliques, ainsi nommés parce qu'ils avaient été légués au peuple romain par Attale, roi de Pergame, étaient d'une magnificence incomparable. Sous Théodose, un historien nous montre les jeunes Romains de la décadence occupés à faire de la *tapisserie*.

Dès les premiers siècles du moyen âge, nous voyons des étoffes brodées ou tissées employées à la décoration des églises ; Grégoire de Tours en fait souvent mention dans ses récits. Lors de la consécration de l'église de Saint-Denis, les murs furent couverts de *tapisseries* brodées d'or et garnies de perles. La reine Adélaïde, femme de Hugues Capet, fit présent à la même église d'une chasuble, d'un parement d'autel et de tentures travaillées de sa main. Doublet, l'historien de l'antique abbaye de Saint-Denis, rapporte que la reine Berthe broda une suite de dessins rappelant les titres de gloire de ses aïeux. Quelques églises de France conservent encore des étoffes brochées de soie et ornées de figures dont se paraient les hauts personnages du clergé aux jours de solennité ; nous citerons entre autres, la chape de saint Mesme à Chinon ; le suaire de saint Germain à Auxerre ; la chape de saint Louis d'Anjou, à Saint-Maximin (Var) ; la chasuble de saint Yves à l'évêché de Saint-Brieuc. « De ces tissus aux tapisseries historiées ou tableaux de laine, dit M. Lacordaire (*De l'origine des tapisseries réunies aux Gobelins*), la transition a pu s'effectuer silencieusement, pendant une longue période, à l'ombre des cloîtres et des cathédrales auxquels ce genre de décoration intérieure est si parfaitement approprié. Les anciens historiens de la ville d'Auxerre attestent que saint Anthelme, évêque, mort en 840, fit exécuter de nombreux tapis pour son église. Vers 985 une véritable manufacture de *tapisseries* et de diverses étoffes était installée dans le monastère de Saint-Florent de Saumur. « Au temps de Robert III, abbé, disent dom Martenne et dom Durand, l'œuvre ou fabrique du cloître s'enrichit de splendides travaux de peinture et de sculpture, accompagnés de légendes en vers. Ledit abbé, amateur passionné, rechercha et acquit une quantité considérable d'ornements magnifiques, tels que grands *dorserets* (dossiers) en laine, courtines, *fastiers* (dais), tentures, tapis de banc et autres ornements brodés de diverses images. Il fit faire entre autres deux *tapisseries*, d'une qualité et d'une ampleur admirables, représentant des éléphants, et ces pièces furent assemblées par des tapissiers à gages, à l'aide d'une soie précieuse. Il ordonna aussi de tisser deux dorserets en laine. Or, pendant que l'on fabriquait l'un de ces tapis, ledit abbé étant allé en France, le frère cellérier défendit aux tapissiers d'exécuter la trame par le procédé accoutumé : « Eh bien ! dirent ceux-ci, en l'absence de notre « bon seigneur, nous n'abandonnerons pas notre travail ; mais, « puisque vous nous contrariez, nous ferons un ouvrage différent. » C'est ce qu'on peut vérifier aujourd'hui. Ils firent donc plusieurs tapis, aussi longs que larges, représentant des lions d'argent sur champ de gueules (rouges), avec une bordure blanche, semée d'animaux et d'oiseaux rouges. Cette pièce unique resta chez nous comme un modèle de ce genre d'ouvrage jusqu'au temps de l'abbé Guillaume et passa pour la plus remarquable des *tapisseries* du monastère. En effet, dans les grandes solennités, l'abbé faisait tendre le tapis aux éléphants, et le prieur, le tapis aux lions. »

Un fragment de correspondance échangée en 1025, entre un évêque italien du nom de Léon et Guillaume IV comte de Poitou, atteste qu'à cette époque les *tapisseries* de Poitiers jouissaient d'une grande renommée.

Les villes de Reims, Troyes, Beauvais, Aubusson, Felletin, etc., ont également été réputées de très-bonne heure pour les ouvrages qu'elles produisaient en ce genre.

M. le baron Ch. Davillier, dans son intéressante notice : « *Une manufacture de tapisseries de haute lisse à Gisors* », nous apprend qu'un nommé Adrien Neusse, natif d'Oudenarde, transfuge de la manufacture subventionnée de Beauvais, vint s'établir à Gisors en 1703. Il réclama de la municipalité les mêmes exemptions que le roi avait concédées à la manufacture de Beauvais, et, en reconnaissance de la libéralité avec laquelle il avait été accueilli, il lui donna, en 1708, un portrait du roi en tapisserie.

Celle-ci fut envoyée à Paris « pour y faire une bordure des plus propres et une glace par dessus pour conserver les couleurs », et, revenue douze jours plus tard, elle fut « placée sur la cheminée de l'Hôtel-de-Ville, avec plusieurs pitons et solidement, avec un rideau par dessus avec sa tringle ».

Ce portrait, avec sa bordure en bois sculpté et doré, et sa glace à biseau, a été exposé dans l'une des salles de l'Histoire de la tapisserie à l'Exposition de l'Union centrale.

Mais ce n'était pas seulement dans nos provinces de France que l'on comptait, à cette époque, des tisseurs habiles ; la *Chronique des ducs de Normandie*, écrite par Dudon, au xi° siècle, nous apprend que ceux de l'Angleterre ne le cédaient à personne pour l'adresse et le goût ; pour désigner quelque magnifique broderie ou quelque riche tapis, on les qualifiait d'*ouvrage anglais*. La même chronique nous fait connaître, en outre, que la duchesse Gonnor, épouse de Richard I°ʳ, fit, avec l'aide de ses brodeuses, pour décorer Notre-Dame de Rouen, des tentures de lin et de soie ornées d'histoires et d'images représentant la Vierge Marie et des saints. La tapisserie de Bayeux, dite de la reine Mathilde, épouse de Guillaume le Conquérant, est le plus ancien ouvrage de ce genre qui nous soit parvenu.

« C'est seulement au xii° siècle, dit Paul Lacroix (*les Arts au moyen âge*), après le retour des croisades, qui avaient mis les Occidentaux à même d'admirer et de s'approprier les merveilleux tissus de l'Orient, que l'usage des *tapisseries*, en se propageant beaucoup

plus encore dans les églises, passa dans les châteaux. Si, au milieu
du cloître, les moines, pour se créer une occupation, avaient donné
leurs soins minutieux à la laine et à la soie, à plus forte raison
cette occupation devait-elle sourire aux nobles châtelaines confinées
dans leurs manoirs féodaux. C'est alors qu'entourées de leurs ser-
vantes, comme autrefois de leurs esclaves les nobles matrones ro-
maines, les belles dames, tout émues des récits de chevalerie dont
elles écoutaient la lecture, ou inspirées par une foi profonde, se con-
sacrèrent à reproduire, l'aiguille à la main, les légendes pieuses des
saints ou les exploits des guerriers. Couvertes de touchantes histoires
ou de belliqueux souvenirs, les froides murailles des grandes salles
revêtaient ainsi une étrange éloquence, qui devait communiquer
de beaux rêves aux esprits et de nobles élans aux cœurs. » Au
xiie siècle, on tendait autour des lits des *tapisseries* qui les envelop-
paient comme une tente ; au xive siècle, les salles des châteaux furent
presque toutes entièrement tendues de grandes *tapisseries* à franges,
assez éloignées des murs pour qu'on pût se cacher dans l'espace
ainsi ménagé. Ces vastes pièces, dit M. Viollet-le-Duc, étaient trop
peu sûres pour la vie intime ; cela explique pourquoi dans les châteaux, on réservait souvent près des grandes pièces, de ces réduits
étroits où l'on pouvait s'enfermer lorsqu'on voulait se livrer à quelque entretien secret. Vers le xiie et le xiiie siècle, sous l'influence des
mœurs orientales, l'usage de s'asseoir sur des tapis s'était introduit
dans les cours de l'Occident.

Dès cette époque aussi, on employa très-fréquemment de riches
tapisseries pour former les tentes de guerre ou de chasse. On les
déployait aussi aux jours de fête, comme par exemple aux entrées des
princes, pour cacher la nudité des murailles. Les salles de festin
étaient tendues de magnifiques *tapisseries* qui rehaussaient encore
l'éclat des *entremets* ou *intermèdes* qu'on jouait pendant les repas.
Les tournois voyaient briller autour de leurs lices et se dérouler, du
haut de leurs galeries, les étoffes qui représentaient d'héroïques his-

toires. Enfin le caparaçon, ce vêtement d'honneur du destrier, éta-
lait ses riches et brillantes images aux yeux de la foule émerveillée.
Il était d'usage d'ailleurs que les *tapisseries* portassent les armoiries
du seigneur pour lequel elles avaient été fabriquées, en prévision
sans doute des cérémonies où elles pouvaient être exposées publique-
ment. Un inventaire du 24 janvier 1379, conservé à la Bibliothèque
nationale et dans lequel sont consignées, en même temps que tous les
joyaux d'or et d'argent, « toutes les chapelles, chambres de broderies
et *tapisseries* » du roi Charles V, peut donner une idée non-seulement de la multiplicité des tentures et tapis qui faisaient partie du
mobilier royal, surtout à l'hôtel Saint-Pol, mais encore de la diversité
des sujets qui y étaient représentés. Un petit nombre de ces *tapisseries* sont venues jusqu'à nous ; mais, parmi celles qui ont été dé-
truites ou perdues, on peut citer : le grand tapis de la *Passion de
Notre-Seigneur*, le grand tapis de la *Vie de saint Denis* et celui de
la *Vie de Théseus*, le grand tapis de *Bonté et de Beauté*, le tapis des
Sept péchés mortels, celui des *Douze mois*, celui de la *Fontaine de
Jouvence*, les deux tapis des *Neuf preux*, celui des *Dames qui chassent et qui volent* (c'est-à-dire qui chassent à l'oiseau), celui des
Hommes sauvages, celui de *Godefroy de Bouillon* ; un tapis de chapelle blanc, au milieu duquel se virent « un compas et une rose », un
grand beau tapis « que le roy a acheté, qui est ouvragé d'or, ystorié
des *Sept sciences* et de *Saint Augustin* » ; un grand drap d'Arras,
représentant les *Batailles de Judas Macchabée et d'Antiochus ;* un
autre représentant la *Bataille du duc d'Aquitaine et de Florence*, etc.
La liste est interminable. « Et qu'on n'aille pas supposer, dit M. Paul
Lacroix, que les maisons royales offraient seules le spectacle d'aussi
grandes richesses. Le luxe des tapis était, on peut l'affirmer, général
dans les hautes classes ; luxe dispendieux s'il en fut, car, outre que
l'examen de ces merveilleux travaux nous indique qu'ils ne pouvaient
être acquis qu'à un très-haut prix, nous en trouvons dans les anciens
documents plus d'une attestation formelle. Par exemple, Amaury de

Goire, tapissier, reçoit, en 1348, du duc de Normandie et de Guyenne, pour un « drap de laine » sur lequel se voyait le Vieil et « Nouveau Testament », 392 livres 3 sous 9 deniers. En 1368, Huchon Barthélemy, changeur, reçoit 900 francs d'or pour un « tapis ouvré » représentant la *Quête du Saint-Graal*, et en 1391, le tapis de l'*Histoire de Théseus*, mentionné plus haut, est acheté par Charles V, au prix de 1,200 livres, toutes sommes véritablement exorbitantes pour l'époque. »

Les manufactures de *tapisseries* de Flandre étaient déjà renommées au xii° siècle ; elles prirent un très-grand développement dans les siècles suivants, et les ouvrages exécutés à Arras furent recherchés dans l'Europe. L'église de la Chaise-Dieu, en Auvergne, possède des *tapisseries* qu'on prétend avoir été fabriquées à Arras au xiv° siècle, d'après les cartons du peintre florentin Taddeo Gaddi ; elles représentent des sujets tirés alternativement de l'Ancien et du Nouveau Testament. Tel fut le succès qu'obtinrent en Italie les *tapisseries* d'Arras, qu'on donna dans ce pays le nom d'*arazzi* à tous les ouvrages de ce genre provenant d'une fabrique quelconque de Flandre. Les *arazzi* exécutés pour le Vatican sur les cartons de Raphaël sont justement célèbres. Bruxelles, Oudenarde et d'autres villes flamandes ont eu d'importants ateliers pour la confection des *tapisseries*. Le musée de Cluny possède plusieurs tapisseries de Flandre du xv° et du xvi° siècle, entre autres une suite de dix pièces (n°ˢ 1692 et 1701) représentant l'*Histoire de David et de Bethsabée*.

Vasari nous apprend que le grand-duc Côme de Médicis chargea le Bronzino, le Pontormo et Francesco Salviati, tous trois peintres de grand mérite, de dessiner des cartons qui furent reproduits par un tapissier flamand du nom de Jean Rost (*maëstro Giovanni Rosto arazziere fiamingo*) ; il ajoute que ce prince fut si enchanté de ces *tapisseries*, qu'il créa à Florence même une manufacture qui ne tarda pas à produire d'excellents ouvrages. Le duc Federico, à Mantoue, et le duc Francesco Maria, à Urbin, établirent aussi des fabriques d'*arazzi*. Venise posséda également des ateliers où l'on fabriquait des étoffes historiées et des tapis où la soie et l'or se trouvaient mélangés.

En Angleterre, l'art de fabriquer des tapisseries de haute lisse fut importé par William Sheldon, vers la fin du règne de Henri VIII. Le roi Jacques Ier fonda à Mortlake, dans le comté de Surrey, une manufacture dont il confia la direction à sir Francis Crane, et l'inspection des travaux au peintre Cleen ou Cleyn, de Rostock ; ce fut dans cette fabrique que, sous Charles Ier, on exécuta en *tapisserie* les sept fameux cartons de Raphaël, conservés aujourd'hui à Hampton-Court.

Les plus anciens fabricants de tapis en France portaient le nom de Sarrazinois, suivant ce que nous apprend Pierre du Pont, maître tapissier de Henri IV, dans un curieux petit recueil publié en 1632 sous ce titre : « *Stromatourgie,* ou de l'excellence de la manufacture des tapis de Turquie nouvellement établie en France sous la conduite du noble homme Pierre du Pont, tapissier ordinaire du roi ès dits ouvrages. »

Voici comment s'exprime Pierre du Pont : « Il est à présumer qu'après l'entière ruine des Sarrazins par Charles Martel, en l'an 726, quelques-uns d'iceux qui sçavoient faire de ces tapis, fugitifs ou vagabonds au possible, réchappés de la défaite, s'habituèrent en France pour gaigner leur vie et commencèrent à faire et établir une manufacture de tapis sarrazinois. De sçavoir de quelle fabrique ni de quelle méthode estoient faits lesdits tapis, on n'en peut juger, sinon que l'on voit, par une sentence de l'an 1302, que ces tapissiers sarrazinois sont institués beaucoup devant les tapissiers de haute lisse, et estoient en possession dès longtemps, mais sur leur déclin, et que lesdits tapissiers de haute lisse commençoient à naître pour ensevelir et mettre hors lesdits Sarrazinois, comme ils ont fait. »

Les tapissiers sarrasinois formaient à Paris, dans le XIIe siècle, une importante corporation qui avait ses statuts, et qui, entre autres priviléges, avaient celui d'être exemptés de faire le guet. La sentence de 1302, dont parle Pierre du Pont, eut pour effet d'adjoindre les tapissiers de haute lisse aux Sarrasinois. En 1652, cette corporation fut encore accrue par l'adjonction d'autres corps de métiers qui n'avaient avec les tapissiers qu'une affinité très-éloignée : les couverturiers-nôtres-sergiers et les contrepointiers-coutiers. Ces trois classes jouissaient des mêmes priviléges ; le corps entier avait quatre patrons : saint Louis, sainte Geneviève, saint Sébastien et saint François d'Assise.

Nous trouvons dans la *Notice sur la manufacture des Gobelins*, de M. Lacordaire, les renseignements suivants au sujet des origines des manufactures royales de *tapisseries* en France :

La fabrication des tapisseries était exclusivement du domaine de l'industrie privée lorsque François I⁰ʳ fit venir de Flandre et d'Italie quelques maîtres tapissiers et établit à Fontainebleau une fabrique de *tapisseries* de haute lisse, sous la direction de Philibert Babou, sieur de la Bourdaisière, surintendant des bâtiments royaux, et de Sébastien Serlio, son peintre et «architecteur» ordinaire. Quelques-uns des peintres appelés en assez grand nombre pour décorer le château de Fontainebleau, furent chargés de l'exécution des modèles qui étaient, pour la plupart, de simples reproductions, sur papier, des peintures faisant partie de la décoration du château. Les comptes des dépenses royales, de 1540 à 1550, font, à ce sujet, plusieurs fois mention de Claude Badouyn, comme chargé de ces sortes de travaux. Ils donnent aussi les noms de quinze maîtres tapissiers recevant du roi la soie, la laine, l'or et l'argent filés, matières premières de leur fabrication, et payés, selon leur talent, à raison de 10 à 15 livres par mois ; ils étaient sous l'inspection particulière et quotidienne des frères Salomon et Pierre de Herbaines, maîtres tapissiers du roi, ayant la garde des meubles et tapisseries du château. Les tentures françaises s'enrichirent à cette époque d'un luxe nouveau par les rehauts d'or et d'argent introduits dans leur texture, mais plus encore par les travaux des premiers peintres du temps, parmi lesquels on compte le Primatice. Félibien signale entre autres *tapisseries* exécutées d'après les dessins de ce maître, « une tenture à l'hôtel de Condé, peinte sur de la toile d'argent, avec des couleurs claires, qui était autrefois à Montmorency ». L'impulsion donnée par François Ier à l'art des *tapisseries* ne s'arrêta pas à la création des ateliers de Fontainebleau ; par de nombreuses commandes, il sut encourager les fabriques de Paris et même celles de Flandre, desquelles il acheta, moyennant 22,000 écus, des *tapisseries* regardées alors comme les chefs-d'œuvre des ouvriers de ce pays, les *Batailles de Scipion*, d'après Jules Romain, collection que Henri II compléta quelques années après par le *Triomphe de Scipion*, exécuté en *tapisserie* sur les cartons du même peintre. Henri II conserva l'établissement fondé à Fontainebleau et confia la direction générale à Philibert Delorme, surintendant des bâtiments royaux et son architecte ordinaire ; il créa aussi à l'hôpital de la Trinité, à Paris, une fabrique de *tapisseries* qui, par suite de la concession de divers priviléges, parvint rapidement à une grande prospérité. Parmi les *tapisseries* remarquables sorties de ces nouveaux ateliers, Sauval cite celles de l'église Saint-Merry, exécutées en 1594, sur les dessins de Lorambert, par un maître tapissier nommé Dubourg. En 1597, des tapissiers de haute lisse furent installés par Henri IV dans la maison professe des jésuites, au faubourg Saint-Antoine, vacante depuis l'expulsion de ces religieux. Laurent, « excellent tapissier », dit Sauval, fut nommé directeur de cette nouvelle fabrique, et Dubourg lui fut ensuite associé. Après le rappel des jésuites, l'établissement fut transféré dans les galeries du Louvre.

Pierre du Pont fut autorisé, en 1604, à établir dans ces mêmes galeries une fabrique de tapis façon du Levant. Henri IV ne se borna pas à la création de ces divers ateliers ; il fit venir de Flandre environ deux cents ouvriers tapissiers et les installa d'abord dans quelques bâtiments encore debout du palais des Tournelles, d'où ils émigrèrent ensuite pour aller au faubourg Saint-Germain. Sous Louis XIII, un arrêt du Conseil royal, du 17 avril 1627, accorda à Pierre du Pont et à Simon Lourdet « la fabrique et manufacture de toutes sortes de tapis, aultres ameublements et ouvrages du Levant, en or, argent, soye, laine », à la condition que « dans toutes les villes du royaume où les entrepreneurs s'établiront, ils seront tenus d'instruire dans leur art un certain nombre d'enfants pauvres, à eux confiés par les administrateurs des hôpitaux ». Le nombre de ces enfants fut fixé à cent pour la ville de Paris, et le local affecté à la nouvelle manufacture fut une vaste maison qui avait d'abord servi de fabrique de savon, située sur le bord de la Seine, non loin de Passy, sur l'emplacement actuel du quai de Billy.

Les tapis sortis de cette fabrique, la seule de ce genre qui existât en France, rivalisaient avec les productions des Gobelins; ils étaient destinés à l'ameublement des résidences royales. Piganiol de La Force cite, parmi les productions de la Savonnerie, un tapis de pied qui devait couvrir tout le parquet de la grande galerie du Louvre, et qui était composé de quatre-vingt-douze pièces.

Lors de la création des maisons destinées au *renfermement* des pauvres, on plaça à la Savonnerie un certain nombre d'enfants indigents auxquels on donnait une éducation chrétienne, en même temps qu'on leur apprenait l'art du tapissier; mais, quelque temps après la fondation de l'Hôpital général, des différends s'élevèrent entre les chefs de l'administration des pauvres, qui voulaient s'immiscer dans le gouvernement de la Savonnerie, et le directeur de cette maison. L'intervention de Colbert devint nécessaire; en 1663, ce ministre donna à la manufacture de la Savonnerie une organisation nouvelle. Vers la fin du règne de Louis XIV, cet établissement perdit de son ancienne renommée; mais, en 1713, il reprit toute son activité par les soins du duc d'Antin, surintendant, qui fit réparer les bâtiments. La chapelle avait été fondée, en 1615, par Marie de Médicis, sous l'invocation de saint Nicolas. Ce bel établissement prospéra jusqu'en 1728, époque à laquelle il fut réuni à la manufacture des Gobelins. Une partie des anciens bâtiments fut remplacée par des constructions nouvelles destinées aux magasins et à l'administration des subsistances militaires.

Comme complément des renseignements qui précèdent, nous allons indiquer les métiers employés pour la fabrication des différents genres de tapisseries, avec quelques détails techniques sur leur fonctionnement.

Tapisserie de haute lisse.

Sur les métiers de haute lisse on fait un tissu qui est formé d'une trame et d'une chaîne; mais la trame seule paraît à l'endroit et à l'envers. La chaîne, en cours d'exécution, est tendue verticalement. Les fils, parallèles les uns aux autres et dans un même plan, sont passés alternativement sur un bâton placé horizontalement, dit de croisures, de sorte que, par rapport au tapissier assis entre la chaîne et le modèle, lorsqu'il travaille, une moitié des fils est en avant, l'autre moitié en arrière de l'étoffe. Mais les fils d'arrière peuvent être tirés en avant au moyen de ficelles appelées lisses qui les embrassent et les réunissent sur une perche dite des lisses, laquelle est mobile et placée au-dessous du bâton de croisures et en dehors du métier.

La trame est enroulée sur de petits morceaux de bois, appelés broches, allongés et terminés en pointe par l'une de leurs extrémités.

Lorsqu'on veut faire le tissu, on passe la broche de droite à gauche entre les fils de devant et ceux d'arrière. Supposons-les au nombre de dix, cinq de devant, cinq d'arrière. La trame ainsi passée forme une demi-duite; elle couvre, à l'égard du tapissier, les cinq fils d'arrière; en tirant ceux-ci en avant au moyen des lisses, puis passant la broche entre les fils d'arrière et ceux d'avant, on fait une seconde demi-duite, laquelle couvre les cinq fils de devant : on presse la trame avec la pointe de la broche.

A chaque passe de trame on abat celle-ci avec un peigne d'ivoire dont les dents pénètrent entre chacun des fils de la chaîne, afin que les demi-duites superposées se touchent et cachent en conséquence la chaîne. Les cinq fils de devant et les cinq fils d'arrière sont complétement couverts par la trame en avant et en arrière, et ils sont ramenés dans un même plan.

On conçoit la possibilité de faire une figure quelconque dont le contour ou le trait sera oblique à la chaîne, lorsqu'on fera varier la longueur de chaque demi-duite, ou, si les demi-duites sont d'égale longueur, en faisant varier le point de départ de chacune d'elles ; mais évidemment le trait oblique ne sera point rectiligne ou régulièrement curviligne; il sera toujours dentelé.

D'un autre côté, la surface de la tapisserie, loin d'être plane ou lunie comme celle d'une peinture, d'une mosaïque, est cannelée par es fils de la chaîne, et les cannelures sont striées par les fils de la trame qui leur sont perpendiculaires.

De cette structure il résulte que la surface d'un tissu de tapisserie de soie, par exemple, des Gobelins, faisant fond blanc, n'aura jamais le brillant d'un satin pareillement blanc, formé de fils parallèles dont la surface est aussi plane que possible ; la surface de la tapisserie présente des parties saillantes qui réfléchissent la lumière, et des stries et des cannelures qui l'absorbent en partie.

De cette double disposition de la trame et de la chaîne résultent les apparences particulières présentées par les tapisseries et qui en forment le caractère spécial.

Si on a bien compris les détails qui précèdent, on s'expliquera aisément comment l'artiste reproduit le modèle quoiqu'il ne voie que l'envers de la copie. Chaque demi-duite apparaissant à l'endroit, l'effet de la duite complète est le même à l'envers qu'à l'endroit. En outre le tapissier a toujours sous les yeux le trait noir ou rouge, tracé sur la chaîne, conformément au modèle qu'il s'agit de reproduire; ce trait lui indique l'étendue de chaque duite. Si les bouts de fil des duites ne paraissaient pas à l'envers de la tapisserie, on pourrait dire que le tissu n'a pas d'envers.

Le métier de haute·lisse est le seul dont on fasse usage aujourd'hui aux Gobelins parce qu'il se prête à toutes les exigences du modèle le plus grand, qu'il s'agisse de la grandeur des images ou du nombre des détails, et qu'il est aussi essentiellement propre au travail des tentures ou de copies de tableaux d'histoire les plus longs et les plus larges.

Tapisserie de basse lisse.

Le métier de basse lisse diffère du métier de haute lisse en ce que la chaîne est tendue à peu près horizontalement et que le tapissier est couché sur elle ; il travaille aussi à l'envers comme fait le tapissier de haute lisse. Les petits morceaux de bois sur lesquels la trame est enroulée s'appellent flûtes, au lieu de broches. Il n'y a pas de trait tracé sur la chaîne, parce qu'il l'est sur un papier fixé à une table placée sous la chaîne.

Le métier de basse lisse est aujourd'hui le seul employé à la manufacture de Beauvais. Il se prête à toutes les exigences du travail le plus achevé des tapisseries pour meubles, et il permet plus de rapidité dans l'exécution.

Il a été employé aux Gobelins jusqu'en 1826 ; il servait concurremment avec le métier de haute lisse, en même temps qu'à la fabrication de tapisseries pour meubles. Une tentative a été faite pour travailler à l'endroit, mais elle n'a pas été heureuse. Le principal inconvénient a été la difficulté d'éviter la malpropreté causée par le contact de l'ouvrier et par la poussière.

Tapisserie de la Savonnerie.

Les tapis de la Savonnerie sont exécutés d'après un procédé de tissage absolument différent des précédents, car ces étoffes sont de véritables velours. La structure en est fort compliquée ; ni la chaîne, qui est en laine, ni la trame, qui est de fil de chanvre, n'apparaissent quand les tissus sont en place ; le tapissier voit l'endroit du tapis et non l'envers ; la chaîne est tendue verticalement, mais les dimensions du métier sont plus grandes.

Dans ce mode de tissage que nous allons décrire aussi, parce qu'il est peu connu, la chaîne se compose de fils de laine parallèles ; le bâton de croisure sépare la série de fils d'arrière de la série de fils de devant, de sorte que chaque fil de devant correspond à un fil d'arrière.

Le tapis est commencé par ce qu'on appelle la lisière, qui est identique au tissu de la tapisserie des Gobelins. Une trame de laine est entourée sur une broche ; on la passe entre des fils de devant et les fils d'arrière, de droite à gauche ; c'est ce qu'on appelle *tramer*. Puis, ayant tiré les lisses à soi, on passe la trame de gauche à droite entre les fils d'arrière tirés en avant, et les fils de devant ; c'est ce qu'on appelle *duiter*.

Après ce double passage de la broche, tous les fils de la chaîne sont entourés de trame à l'endroit et à l'envers. La trame, à chaque passage, est abattue ou frappée avec un peigne de fer, afin que la chaîne ne soit pas apparente.

Il s'agit maintenant de dire comment on fait le point noué de ces tapis quand la lisière est suffisamment haute. Ce point se fait avec un brin de laine enroulé sur une broche. Ce brin est presque toujours formé de cinq fils de laine et quelquefois de dix ; le mélange des fils présente trois cas :

1° Les fils sont identiques ; pour les fonds c'est presque toujours ;

2° Les fils sont d'une même gamme de couleur, mais à des tons différents ;

3° Les fils peuvent appartenir à des gammes de couleurs différentes, mais généralement on les prend du même ton.

Le mélange des fils composant un brin permet de varier, presque à l'infini, les couleurs, non-seulement quant au ton, mais encore quant à la nuance. La laine qui sert à faire le point noué ou le brin est le seul élément du tapis qui soit visible quand celui-ci est en place.

Pour faire le nœud, on passe, de droite à gauche, la broche des brins derrière un des fils de devant. On laisse une sorte de boucle sur le devant de ce fil, en évitant de serrer dessus le brin de la broche. En tirant une lisse à soi on ramène en avant le fil de derrière voisin qui est le correspondant du premier fil de devant. C'est sur ce fil voisin, ainsi avancé, qu'on fait le nœud. Pour cela on passe la broche de droite à gauche derrière lui, et on la ramène en avant, de manière à nouer le brin autour de ce fil.

Chaque nœud est abattu avec le pouce et l'index, et les boucles sont ouvertes avec des ciseaux, ou, afin d'économiser le brin, on se sert du tranche-fil; c'est une tige de fer cylindrique, de cinq millimètres de diamètre, terminée en lame de couteau.

Avant de faire le nœud on le dispose horizontalement à la hauteur du nœud projeté, la laine à la gauche du tapissier; après avoir passé la broche sur un premier fil, on enveloppe la partie cylindrique du tranche-fil avec le brin, c'est ce qui remplace la sorte de boucle dont il est parlé plus haut; puis on fait le nœud sur le fil voisin, et cette fois on passe la broche derrière le tranche-fil, tandis que la première fois la broche a passé devant pour le couvrir. On continue de la même façon de proche en proche.

Lorsqu'il y a une série horizontale de nœuds dont les broches entourent les parties cylindroïdes du tranche-fil, on tire celui-ci de gauche à droite pour les couper de manière à diviser la boucle en deux brins qui sont implantés perpendiculairement sur la chaîne.

Ainsi, dans les tapis de la Savonnerie, chaque fil de la chaîne est double, puisque chacun d'eux se compose d'un fil de devant correspondant avec un fil d'arrière, tandis que chaque fil de la chaîne est simple dans les produits des Gobelins et de Beauvais.

Lorsqu'on a achevé une série horizontale de nœuds d'une certaine longueur, il faut la consolider avec des fils de chanvre. Ceux-ci sont disposés sur deux broches ; sur l'une d'elles on a enroulé un double fil de chanvre qu'on appelle *duite ;* sur la seconde on a enroulé un simple fil de chanvre qu'on appelle *trame.*

On fixe la série horizontale de nœuds en passant de droite à gauche la duite entre les fils de devant et les fils d'arrière ; puis on la frappe avec le peigne pour la tasser sur les nœuds. Si on ne coupe pas la duite qui excède la longueur des nœuds qu'on veut consolider, on peut la ramener de gauche à droite dans l'intérieur du tissu.

On ramène en avant les fils d'arrière au moyen de lisses, puis on passe de gauche à droite la trame entre les fils de devant et les fils d'arrière ramenés en avant. On frappe de nouveau avec le peigne. Par ce moyen le point se trouve consolidé.

Évidemment les fils de chanvre font, avec les fils de laine de la chaîne, un vrai tissu, car chaque fil de laine est entouré de fils de chanvre. C'est ce qu'on voit parfaitement en regardant le tapis à l'envers : l'image apparaît bien, mais c'est en ras, et non en velours, et les brins de laine sont séparés par les fils de chanvre.

Quand on a plusieurs séries de nœuds, superposées et consolidées, on coupe les brins perpendiculairement à leur axe, au moyen de ciseaux à larges lames dont les branches sont contre-coudées à angle droit.

C'est par cette coupe que l'intérieur des brins de laine est mis à découvert, et qu'il présente la surface visible du tapis mis en place. Pour que l'effet soit satisfaisant, il est évident que les coupes partielles doivent être faites de manière à présenter l'effet d'une coupe unique opérée dans un même plan.

C'est dans le choix des brins de laine que le tapissier juge le plus propres à traiter un modèle donné, et dans l'art avec lequel il les fond ensemble, que réside son mérite, parce qu'il y a là autre chose qu'un travail mécanique.

De ce qui précède on peut conclure que de nos jours les manufactures des Gobelins et de Beauvais représentent la fabrication des
tapisseries la plus perfectionnée quant à la beauté des effets ;

Que la manufacture des Gobelins représente la fabrication des
tapisseries pour tentures à la reproduction des tableaux d'histoire, et
fait usage du métier à haute lisse ;

Que la manufacture de Beauvais représente la fabrication des
tapisseries pour meubles, et emploie le métier à basse lisse ;

Et que la manufacture de la Savonnerie représente la fabrication
des tapis-velours, dite façon de Turquie, la plus perfectionnée.

Et nous ajouterons que les tapisseries de Flandre contiennent
4 à 5 fils au centimètre ; celles des Gobelins, 8 1/2 à 9 ; de Beau-
veau, 10 1/2 à 11 ; de Paris, 7 1/2 ; de Bruxelles, 6 1/2 et d'Alen-
çon, 3 1/2.

Pour parler avec compétence de l'origine et de la valeur des produits de nos manufactures, on voit combien il importe de connaître
d'abord les différences qui existent entre les tapisseries des Gobelins
et de Beauvais, d'une part, et les tapis de la Savonnerie, de l'autre ;
et de distinguer ensuite les tapisseries pour tentures ou les copies de
tableaux exécutées aux Gobelins d'avec les tapisseries pour meubles
exécutées à Beauvais. Nous espérons que désormais nos lecteurs ne
pourront plus se tromper sur ce point.

TAPISSERIES REMARQUABLES

Tapisseries d'Aix — d'Anet — d'Angers — d'Arras — d'Aulhac — d'Auxerre — de
Bayard — de Bayeux — de Beauvais — de Berne — de la Chaise-Dieu — de Dijon
— de Middelbourg — de Nancy — de Paris — de Reims — de Toulouse — de
Valenciennes.

Tapisserie d'Aix.

Exécutée au commencement du xvie siècle, cette tapisserie porte
les armes de Henri III et de William Warham, archevêque de Can-
torbéry. Elle vient d'Angleterre, mais elle avait été achetée à Paris
en 1656. Elle est divisée en vingt-sept compartiments représentant
les principaux traits de l'histoire de Jésus et de Marie. Elle est tra-
vaillée en laine, mélangée de soie.

Tapisseries du château d'Anet.

Ces tapisseries sont du milieu du xvie siècle, date de la construction du château de Diane de Poitiers. Elles proviennent de la manufacture de Fontainebleau, fondée par François Ier, et que Philibert
Delorme, architecte d'Anet, fut chargé, par Henri II, de diriger. Elles
sont au nombre de quatre, mais elles devaient faire partie d'une
suite plus considérable qui décorait une galerie ou un salon du premier étage. Elles représentent des sujets tirés de la mythologie : la
Fable d'Iphigénie, la *Fable de Méléagre*, la *Fable de Latone* et la *Fable
d'Orion* ; elles sont encadrées de bordures portant les armes de Diane
de Poitiers, ainsi que les attributs et banderoles ornées d'inscrip-

tions qui caractérisent cette époque. Dans la bordure du haut est un grand cartouche contenant la description en vers français du sujet représenté par chaque tapisserie. Les montants sont composés de motifs d'architecture, entremêlés de cariatides, de figures de femmes, de chiffres et d'attributs particuliers à Diane de Poitiers. Au centre de la bordure du bas un grand cartouche à figures et inscriptions.

Hauteur, 4ᵐ,70 ; largeur, 4ᵐ,10.

Tapisserie d'Angers.

A en juger par la décoration architecturale des tableaux, par les initiales et les armes dont elle est ornée, cette tenture, dite de l'*Apocalypse*, date de deux époques, du xivᵉ et du xvᵉ siècle. Cette tapisserie ne contient pas moins de quarante-deux sujets : les uns, sur fond bleu, les autres, sur fond rouge. Le premier sujet, qui est comme la préface de l'œuvre, représente un homme méditant sur l'*Apocalypse*, posée devant lui, sur un pupitre ; une étoffe semée de fleurs de lis et de croix forme dais au-dessus de sa tête et dossier derrière son siége ; des papillons, dont les ailes sont diaprées aux armes d'Anjou et de Bretagne, voltigent dans les airs ; enfin, deux anges tiennent, au sommet de l'édifice qui abrite ce personnage, deux étendards armoriés d'Anjou et de la croix de Lorraine. La première scène apocalyptique nous montre saint Jean écoutant la voix céleste qui lui parle, et prenant le livre où il va écrire sa vision, pour l'envoyer aux sept églises qui sont sous ses yeux et que gardent sept anges. Dans le quarante-deuxième compartiment, l'ange qui doit mesurer la cité sainte tient une canne d'or ; il prend saint Jean par la main et le conduit à la Jérusalem céleste.

Tapisseries d'Arras,

DITES ARAZZI.

Célèbres tapisseries du Vatican exécutées à Arras (d'où elles ont tiré leur nom) pour décorer la chapelle Sixtine. Raphaël dessina ces tapisseries en 1515 et 1516. On a prétendu qu'elles ne furent exécutées en Flandre qu'en 1520 et qu'elles n'arrivèrent à Rome qu'après la mort de Raphaël; mais des documents authentiques prouvent qu'elles furent apportées au Vatican en 1518, et que le maître eut la joie de voir son œuvre couronnée d'un plein succès, car l'enthousiasme des Romains fut indescriptible. Vasari, parlant de ces *tapisseries*, dit « qu'elles paraissent plutôt créées par un miracle que par la main des hommes ». On croit que le Flamand Bernard Van Orley, qui avait étudié sous Raphaël, dirigea la fabrication des *Arazzi*. Ces tapisseries, dont les sujets étaient empruntés au Nouveau Testament et aux Actes des apôtres, occupent au musée pontifical une galerie particulière désignée sous le nom de *galerie des Arazzi*.

Celles qu'on admire le plus sont la *Pêche miraculeuse*, le *Massacre des Innocents* (en trois compositions); la *Guérison d'un boiteux par saint Pierre*, le *Faux Prophète Elymas*, *Saint Paul à l'Aréopage*, l'*Adoration des Mages*, l'*Ascension*, *Saint Paul et saint Barnabé dans la ville de Lystre*, *Jésus-Christ nommant saint Pierre son vicaire*, et la *Mort d'Ananias*. Les autres représentent *Saint Paul délivré de prison*, la *Résurrection*, la *Descente du Saint-Esprit*, l'*Apparition à la Madeleine*, le *Repas à Emmaüs*, la *Conversion de saint Paul*, la *Présentation au temple*, l'*Adoration des bergers*, la *Mort de saint Étienne*, et les *Vertus* (la Religion, la Justice et la Charité, avec deux lions soutenant les armes de l'Église).

Admirables au point de vue de la composition, du style des figures et de l'élévation du sujet, les *Arazzi* doivent être considérés aussi comme des chefs-d'œuvre de l'art du tisseur; sous ce rapport, ils font le plus grand honneur et à l'ancienne fabrique d'Arras, qui les a produits, et aux artistes flamands sous la direction desquels ils ont été exécutés. Non-seulement les moindres détails de costumes et d'accessoires sont rendus avec une merveilleuse perfection, mais l'expression des figures, le modelé des parties nues du corps, la dégradation et l'harmonie des teintes ne laissent rien à désirer. Peu

s'en est fallu que l'on ait eu à déplorer la perte de ces précieux morceaux, enlevés une première fois par les bandes du connétable de
Bourbon au moment du sac de Rome; sous Clément VII ils furent
rendus par les soins du connétable de Montmorency. Vendus en
1798, par le gouvernement pontifical pressé par le besoin d'argent, à
des Juifs qui se disposaient, assure-t-on, à les détruire, après en avoir
enlevé les fils d'or, le cardinal Braschi parvint à en obtenir la res-
titution. Depuis cette époque les *Arazzi* n'ont pas quitté le Vatican,
et Pie VII, jaloux de leur conservation, décida qu'on ne les emploie-
rait plus, comme par le passé, à décorer les portiques de ce palais le
jour de la solennité du *Corpus Domini*.

Les cartons de Raphaël ont eu un sort moins heureux. Abandon-
nés dans quelque recoin d'une fabrique d'Arras, après l'achèvement
des *Arazzi*, ils furent achetés, d'après les conseils de Rubens, par
Charles Ier, roi d'Angleterre, qui chargea un certain Cléon de les reproduire par la tapisserie. Puis on les relégua de nouveau dans
l'obscurité. Les recherches ordonnées par le roi Guillaume pour les
découvrir ne furent qu'en partie couronnées de succès. Sept cartons
seulement furent trouvés dans un coffret, mais ils étaient tellement
détériorés qu'une réparation parut indispensable. Ce travail délicat
fut confié au peintre anglais Kook, qui s'en acquitta avec talent.
Tels qu'ils sont aujourd'hui, ces sept cartons sont un des plus
beaux ornements de la galerie d'Hampton-Court; ce sont ceux
qui représentent la *Pêche miraculeuse*, *Jésus instituant Pierre
vicaire de son église*, la *Mort d'Ananias*, *Saint Paul à Lystre*,
le *Faux Prophète Elymas*, *Saint Paul à l'Aréopage* et la *Guérison
des boiteux*.

Les *Arazzi* du Vatican ne furent pas les seuls qui furent exécutés
d'après les cartons de Raphaël. Le musée de Berlin en possède neuf,
dont sept sont les copies des cartons d'Hampton-Court; les deux
autres retracent le *Martyre de saint Étienne* et la *Conversion de saint
Paul*. Entourées de riches encadrements et abritées par de somptueux

rideaux, ces neuf tapisseries garnissent les parois de la vaste rotonde qui sépare le vestibule des salles de tableaux.

La galerie de Dresde possède six *Arazzi*, sur sept qui furent envoyés à l'électeur Frédéric le Sage ; ces six tapisseries, reproduisant les cartons d'Hampton-Court (la septième qui manque représentait la *Mort d'Ananias*), ont été retrouvées, en 1790, par le baron de Racknitz.

Tapisseries d'Aulhac,

AU PALAIS DE JUSTICE D'ISSOIRE (PUY-DE-DÔME).

Ces tapisseries qui, pendant la Révolution, furent enlevées à une habitation d'Aulhac et transportées à Issoire, sont malheureusement très-détériorées. Elles représentent des épisodes de la guerre de Troie et paraissent avoir été exécutées dans la seconde moitié du xv° siècle. La composition en est très-remarquable pour l'époque.

Hauteur, 4^m,33 ; largeur, 2^m,33.

Tapisserie d'Auxerre,

DITE DE SAINT-ÉTIENNE.

Quatre scènes se partagent cette tenture qui appartient à l'Hôtel-Dieu d'Auxerre. La première représente le corps de saint Étienne abandonné au lieu de son martyre et exposé aux bêtes ; deux anges transportent au ciel l'âme du saint diacre. Dans le deuxième compartiment, on voit « comment Gamahel (Gamaliel), occultement, pour la crainte des Juifs, porta le corps de saint Étienne en la ville nommée Capharmagala et le mit en son sépulchre. » Dans la troisième scène, le prêtre Lucien, pendant son sommeil, est averti trois fois par Gamahel du lieu où repose le corps de saint Étienne. La quatrième scène nous montre Lucien révélant sa vision à Jean, évêque de Jérusalem. Les armoiries de J. Baillet, évêque d'Auxerre à la fin du xv° siècle, se trouvent sur une colonne et sur un puits qui séparent deux des scènes.

Tapisserie du château de Bayard.

La *tapisserie* du château de Bayard, comme celle d'Aulhac, représente des héros de l'*Iliade*. On y voit Penthésilée, reine des
Amazones, venant au secours de Troie, et reçue par Priam et sa cour ;
cette même reine combattant contre Diomède, tandis que Philomé-
nès est aux prises avec Ajax, fils de Télamon ; Pyrrhus armé che-
valier, avec tout le cérémonial du moyen âge. Ces diverses scènes
sont rendues d'une façon expressive ; les figures sont belles, les costumes riches et élégants.

Cette *tapisserie* décora longtemps la grande salle du château de
Bayard, près de Grenoble ; elle fut transportée à Lyon, où elle a été
achetée par M. Jubinal, qui en a publié la description et le dessin
dans son ouvrage intitulé : les *Anciennes tapisseries historiées, ou
collection des monuments les plus remarquables de ce genre qui
nous soient restés du moyen âge, à partir du* xie *jusqu'au* xvie *siècle
inclusivement* (Paris, 1838, 2 vol. in-folio).

Hauteur, 4^m,33 ; largeur, 2^m,33.

Tapisserie de Bayeux.

C'est le plus ancien ouvrage de ce genre que l'on connaisse. Elle
représente l'histoire de la conquête de l'Angleterre par Guillaume de
Normandie, en une série de scènes dont chaque sujet est indiqué par
une inscription latine. La série commence au départ d'Harold de la
cour d'Édouard, et se termine à la bataille de Hastings. Les figures
d'un dessin rude et barbare, mais pleines d'expression dans les atti-
tudes, sont brodées sur une toile de lin, avec des laines de huit couleurs différentes : bleu léger et bleu foncé, rouge, jaune, vert foncé
et vert léger, noir, couleur Isabelle. Ces couleurs sont loin d'être
exactement réparties selon la nature des objets. A l'intérieur des
figures la laine est posée à plat et reprise ensuite par des points de
chaînettes ; les contours, les articulations, les plis des vêtements

3

sont arrêtés par une espèce de cordonnet ; les contours des chairs
sont simplement indiqués par un trait bleu, rouge, jaune ou vert.
Les scènes historiques n'occupent qu'une hauteur de 33 centimètres,
et sont comprises entre deux bordures où sont figurés des animaux
réels ou fabuleux, des chasses, des épisodes de la vie rustique, etc.
M. Frankh Rede Fowke, dans sa magnifique publication (Londres,
1875, in-4 avec 79 planches), s'exprime ainsi sur cette *tapisserie* :
Le monument conservé à Bayeux est une bande de toile de plus de
230 pieds de longueur sur environ 20 pouces de largeur, sur laquelle
l'histoire de la conquête normande est tracée à l'aiguille, à l'aide de
fils de laine de huit couleurs différentes. On y compte 72 compartiments ou scènes dans lesquels figurent 623 personnes, 202 chevaux
et mulets, 55 chiens, 505 animaux différents, 37 bâtiments, 41 vais-
seaux et barques et 49 arbres ; ce qui donne un total de 1,512 objets.
Le côté historique de la *tapisserie* est, en grande partie, compris dans
une longueur de 13 pieds et quelques pouces, au-dessus et au-dessous
de laquelle se trouvent deux bordures contenant des lions, des oiseaux, des chameaux, des minotaures, des dragons, des sphinx, quelques-unes des fables d'Ésope et de Phèdre, des scènes de manége, de
chasse et de pêche, etc. Parfois la bordure entre dans la trame de
l'histoire et contient des allusions allégoriques aux scènes qui y sont
retracées. Suivant la tradition, qui existe encore à Bayeux, cette *tapisserie* serait l'œuvre de la reine Mathilde. Une autre hypothèse lui
attribue une origine anglaise ; elle est fondée surtout sur l'orthographe
de certains mots comme *ceastra*, *franel*, *œligyva*, etc.

D'autres veulent que cet ouvrage qui, depuis les temps les plus
reculés, appartient à la cathédrale de Bayeux, ait été fabriqué par les
ordres de l'évêque Odon, frère de Guillaume le Conquérant, dont le
portrait y figure plusieurs fois. La plupart des archéologues s'accordent à considérer la *tapisserie* de Bayeux comme une œuvre de
XIᵉ siècle, et ils en donnent pour motif l'absence de chaperon aux
faucons, auxquels on ne commença à en mettre que vers 1200 ; les

deux V au lieu du **W**, la ressemblance des lettres avec celles que l'on voit sur les monuments du xiᵉ siècle, la conformité des costumes, des armes, etc. Tout indique que cette merveilleuse broderie fut probablement exécutée à Bayeux, pour l'évêque Odon, par des ouvriers du pays.

Cette *tapisserie* faillit être détruite sous la Révolution, par des soldats du train, qui voulaient la couper pour emballer des effets militaires. Transportée à Paris par ordre de Napoléon Iᵉʳ, elle fut rendue plus tard à la ville de Bayeux, qui vota, en 1839, la construction de la galerie de l'Hôtel-de-Ville, où elle est maintenant exposée.

Elle a été plusieurs fois dessinée et reproduite, notamment dans les *Monuments de la Monarchie française* de Montfaucon; dans les *Antiquités Anglo-Normandes* de Ducarel; dans les *Anciennes tapisseries historiées* de M. A. Jubinal, etc.

Tapisseries de Beauvais.

Guillaume de Hollande, évêque de Beauvais, de 1444 à 1462, fit don à sa cathédrale de *tapisseries* de haute lisse qui ornèrent le chœur de cette église jusqu'au xviiiᵉ siècle. Plusieurs pièces de cette décoration ont péri; les fragments qui ont été conservés représentent des *Actes de saint Pierre apôtre.* Un de ces fragments appartient au musée de Cluny et porte l'inscription suivante, qui indique le sujet : « *Comment l'ange mena saint Pierre hors de la prison d'Hérode.* » Les autres fragments que conserve la cathédrale de Beauvais se distinguent, ainsi que le précédent, par la richesse des costumes et le naturel des physionomies. D'autres *tapisseries* de la première moitié du xivᵉ siècle, et que l'on croit provenir des manufactures d'Arras, mais qui pourraient bien avoir été fabriquées à Beauvais même, sont relatives à la fondation de diverses villes des Gaules et offrent les figures des personnages plus ou moins apocryphes auxquels ces fondations sont attribuées, tels que Belgius, roi des Gaulois, fondateur de Beauvais; le Phrygien Pàris, fondateur de Paris;

Lugdus, roi des Celtes, fondateur de Lyon ; Remus, frère de Romulus, fondateur de Reims. Dans un compartiment on voit une carte géographique avec des noms de contrées et de rivières, ainsi orthographiées : le Rhin, Souisse, Savoye, Méditerranée, Loyre, Aquitaine, Gironde, Gascogne, France, Seine, Bretaigne, Normandie, Picardie, Angleterre, Flandres, Artois, Holende, Ardene.

Tapisseries de Berne.

Elles sont au nombre de dix. Six proviennent du butin fait à Granson et à Morat (1476) et paraissent remonter à la première moitié du xv° siècle ; elles représentent l'*Adoration des Mages*, le *Jugement de Trajan, Saint Grégoire de Nazianze arrachant par ses prières l'âme de cet empereur aux enfers, César passant le Rubicon*, etc. Les quatre autres datent de la première partie du xvi° siècle et représentent la *Vie de saint Vincent*. Ces *tapisseries*, d'une exécution remarquable et d'une belle conservation, sont exposées dans le chœur de la cathédrale de Berne les jours de solennité, notamment le jour de l'ouverture de la diète helvétique.

Tapisseries de la Chaise-Dieu.

Les archéologues les plus autorisés s'accordent à penser que ces tapisseries ne remontent pas au-delà du commencement du xvi° siècle ou de la fin du xv°. Elles portent les armoiries de Jacques de Saint-Nectaire, dernier abbé régulier de l'abbaye de la Chaise-Dieu, et furent données par lui à ce monastère en 1518. Mais il est permis de croire qu'elles ont été exécutées sur les cartons d'un artiste italien, et peut-être même en Italie, à Florence et à Venise ; les figures ont une élégance d'attitude et une noblesse de type qu'on ne trouve pas dans les œuvres des écoles du Nord. Le travail de *tapisserie* est riche et délicat ; le tissu est fait au métier avec des fils de laine, de soie, d'or et d'argent. Ces *tapisseries* sont au nombre de quatorze, dont trois, de forme carrée, ont 3 m. 33 en tous sens, et représentent la *Naissance,* la *Mort,* et la *Résurrection du Christ.* Une quatrième a 8 m. 50 de longueur sur 2 mètres de hauteur. Les dix autres ont 6 mètres seulement sur 2 et sont divisées chacune en trois compartiments séparés par des colonnettes ; celui du milieu est presque toujours occupé par un trait de l'histoire du Christ, et les deux autres par des scènes de l'Ancien Testament, qui sont la figure du Nouveau. Des inscriptions latines expliquent et commentent les sujets.

Tapisserie de Dijon.

Elle représente trois épisodes du *Siége de Dijon par les Suisses en 1513.* La première composition indique le commencement du siége par les armées alliées de Suisse et d'Allemagne, dont les chefs, Jacques de Watteville et Ulric de Wirtemberg, sont à cheval et couverts de leurs armures, sur le devant de la scène ; près d'eux le seigneur de Vergy, à la tête des volontaires comtois, dirige le feu de l'artillerie contre les remparts de Dijon, où une brèche est déjà pratiquée, et sur lesquels flotte l'étendard de La Trémouille. La milice dijonnaise se dispose à repousser l'assaut, sous les ordres du grand écuyer Jean de Bessey et des seigneurs d'Arcelot, d'Arc-sur-Thil et d'Auvillars. Au fond, on aperçoit les clochers des églises de Dijon. La deuxième composition est relative à la cessation des hostilités, qui fut attribuée à l'intercession de la sainte Vierge ; l'image de Notre-Dame-de-Bon-Espoir est portée processionnellement en grande pompe sur les remparts de Dijon ; le clergé est revêtu des habits sacerdotaux les plus magnifiques ; les principaux magistrats, suivis des dames de la ville et des bourgeois, forment un cortége brillant et nombreux. Le fond de la *tapisserie* offre la vue de l'église des Jacobins et de l'église de Notre-Dame. Sur le devant l'armée assiégeante s'apprête à la retraite. Le troisième sujet nous fait voir l'ennemi opérant définitivement cette retraite ; un cheval blanc est chargé de deux coffres de fer, que l'on suppose avoir été destinés à

contenir l'or qui séduisit les Suisses et leur fit lever le siége; au
deuxième plan, des gentilshommes et des notables de Dijon se constituent comme otages entre les mains des chefs des armées bernoise
et impériale; au fond, dans l'intérieur de l'église Notre-Dame, La
Trémouille, gouverneur de la Bourgogne, prie devant l'image de
la Vierge.

Ces trois compositions sont séparées par des colonnes ornées de
guirlandes; au-dessus des chapiteaux et dans le champ même des
tableaux, on voit un chiffre que quelques auteurs ont cru être la
marque du tapissier, mais qui, selon une opinion mieux fondée,
serait le chiffre de l'amiral Philippe Chabot, qui gouverna la Bourgogne quelques années après la levée du siége de 1513, et qui
pourrait bien avoir fait la commande de cette *tapisserie*. Le style du
dessin montre que cet ouvrage a été fabriqué peu après l'événement
qu'il retrace. Les compositions si riches de détails et les figures si
pleines de naïveté rappellent tout à fait les miniatures françaises du
commencement du xvıᵉ siècle et de la fin du xvᵉ. Cette tapisserie
appartenait anciennement à l'église Notre-Dame de Dijon; tombée
entre les mains d'un brocanteur à la fin du siècle dernier, elle fut
rachetée par M. Ranfer de Bretomère, maire de Dijon de 1802
à 1806, et placée dans une des salles de l'Hôtel-de-Ville; depuis,
elle a été transportée au musée.

Longueur, 9ᵐ,93; largeur, 2ᵐ,73.

Tapisserie de Middelbourg.

Cette pièce est divisée en trois panneaux représentant les victoires
des Zélandais sur les Espagnols en 1574; des légendes en vers latins
expliquent chacun des sujets. Cette intéressante *tapisserie*, exécutée
en 1593 par Jean de Maegt, de Middelbourg, était autrefois placée
dans le palais des États de la province de Zélande. Elle a figuré à
l'Exposition universelle de 1867, à Paris, dans la galerie de l'histoire
du travail.

Tapisserie de Nancy.

Elle comprend deux sujets tout à fait distincts : l'un *Assuérus révoquant son édit contre les Juifs* en présence d'Esther, d'Aman et de Mardochée ; l'autre est une allégorie qui a pour objet de montrer les inconvénients de la bonne chère. Les personnages de cette dernière scène portent leur nom écrit sur eux ; les amphitryons se nomment : *Dîner, Souper, Banquet;* les convives : *Passe-temps, Bonne-Compagnie, Gourmandise, Friandise, Je-Boy-à-Vous, Je Plaise d'autant, Acoustumance;* lesdits convives sont attaqués après le repas par de forts vilains personnages : *Apoplexie, Paralysie, Pleurésie, Colicque, Esquinancie, Idropisie, Jaunisse, Gravelle* et *Goutte;* ils sont secourus par *Sobriété, Pilule, Clistère,* etc. Les inscriptions en caractères gothiques expliquent les scènes. L'histoire est malheureusement incomplète et le dénoûment perdu : la *tapisserie* ayant subi, à diverses époques, des coupures et des interpolations. Les costumes, les ornements, le mobilier, le style même de l'ouvrage appartiennent au xv° siècle. Cette *tapisserie* décorait la tente de Charles le Téméraire, lorsque ce prince vint assiéger Nancy (1477), elle fut prise par les Lorrains. Elle décora le palais des ducs de Lorraine jusqu'à Charles IV, qui en fit don à sa cour souveraine. Elle est placée aujourd'hui dans le musée historique Lorrain.

Longueur, 25 mètres; hauteur, 4 mètres.

Tapisseries de Paris.

Le musée de Cluny possède un certain nombre de *tapisseries* historiées d'un grand prix provenant de diverses fabriques. Au Louvre est une *tapisserie* qui a appartenu à Richelieu et que Charles X a achetée au peintre Revoil ; elle représente un *Miracle de saint Quentin* et mesure 8 m. 33 de longueur sur 4 mètres de hauteur. Elle est encadrée par une magnifique bordure composée de feuillages, de fleurs, de fruits et de divers ornements. Les vêtements, les types et les caractères même de l'exécution semblent assigner à cet ouvrage une origine flamande.

Parmi les chefs-d'œuvre que contient la galerie des Gobelins, nous citerons le portrait de Louis XIV, par Rigaud (dont l'original est au Louvre), exécuté sur la tapisserie par M. Collin, et qui est un tour de force; l'*Assomption*, du Titien, vaste composition qui mesure 7 mètres de haut, s'y voit également, rendue avec un grand bonheur (l'original de ce dernier tableau est à Venise); la reproduction de plusieurs toiles de Boucher, tableaux délicats, gracieux, difficiles à rendre à cause de leurs tons clairs, rosés, insaisissables; une tête de *Nicolas Poussin*, par Marie Gilbert, etc.

Tapisseries de Reims.

Ces tapisseries se composent de dix pièces; elles ont été données, en 1531, à l'église de Saint-Remi, par Robert de Lenoncourt, archevêque de Reims.

En voici les sujets : la *Naissance de saint Remi*, ses *Aumônes*, ses *Miracles;* la *Bataille de Tolbiac*, le *Baptême de Clovis*, l'*Histoire de saint Genebaut* et *Clovis punissant un meunier peu respectueux envers saint Remi; Saint Remi ressuscitant un mort*, plusieurs autres actes de ce saint; la *Peste de Reims*, et, enfin, la *Glorification de saint Remi*. Ces *tapisseries*, remarquables par l'entente du travail, la composition animée et pittoresque des divers sujets, l'habileté avec laquelle les figures sont dessinées, ont été gravées en 1838, d'après les dessins de Victor Sansonnetti. La cathédrale de Reims possède d'autres *tapisseries*, données en 1530, par Robert de Lenoncourt, et représentant la *Vie de la Vierge*.

Tapisserie de Toulouse.

Cette *tapisserie* appartient aujourd'hui à la cathédrale d'Angers. Elle décorait autrefois l'église Saint-Saturnin de Toulouse, et représente trois scènes de la vie de saint Saturnin, évêque de cette ville.

Dans le premier compartiment, on voit Jésus-Christ admettant saint Saturnin au nombre de ses soixante-douze disciples, et, au fond, le *Crucifiement, la Résurrection, l'Ascension, la Descente du Saint-Esprit* et la *Pêche miraculeuse.* Le deuxième sujet, les *Adieux de saint Pierre* et de *saint Saturnin, Saint Paul disant à saint Saturnin de prêcher l'Évangile* et *saint Saturnin bâtissant* une église. La troisième scène est le *Martyre de saint Saturnin.* Des pilastres chargés de grotesques encadrent ces compositions.

Tapisserie de Valenciennes.

Elle représente un *Tournoi :* douze chevaliers, bardés de fer et montés sur des chevaux richement caparaçonnés, s'attaquent à grands coups de dague; les lances courtoises ont été rompues et leurs débris jonchent l'arène. L'ordonnance générale de cette composition est parfaite, une grande harmonie règne entre ses diverses parties; les lois de la perspective, fort souvent oubliées dans les *tapisseries,* sont ici complétement observées. On a placé dans la bordure vingt écussons où l'on a cru distinguer, autant que l'a permis l'altération des couleurs, les armoiries de quelques maisons du pays de Liége et des provinces rhénanes. Cette *tapisserie* avait été fabriquée en Flandre au xve siècle; découverte en 1830 par M. Vitet, dans un grenier de l'Hôtel-de-Ville, elle occupe aujourd'hui une des grandes salles de cet édifice.

Largeur, 5^m,50 ; hauteur, 5 mètres.

TOILES PEINTES

Malgré l'incroyable quantité de produits qui sont sortis de nos manufactures nationales ou de celles des pays voisins, les tapisseries qui ont une valeur artistique réelle sont très-rares ; ce qui leur donne parfois une valeur énorme et toujours hors de proportion avec les ressources des amateurs. Puis, la difficulté de les utiliser pour la décoration de nos habitations modernes, à cause de leurs dimensions irrégulières, fit qu'on chercha à obtenir leur équivalent par des procédés plus expéditifs et moins coûteux. On pensa donc à faire des toiles peintes sur lesquelles on étendit directement les couleurs. On ne fit en cela qu'imiter ce qui avait été fait déjà au xvᵉ siècle, car l'Hôtel-Dieu de Reims est en possession d'un grand nombre de toiles peintes, qui datent de cette époque, M. Vitet est le premier qui les ait signalées au monde savant ; voici en quels termes il en parle dans un rapport : « Les tentures de l'Hôtel-Dieu de Reims ne sont pas des tapisseries, mais de grandes toiles peintes destinées probablement à servir de modèle aux ouvriers qui fabriquaient les tapisseries. Ces toiles ont pour la plupart été peintes au milieu du xvᵉ siècle. Le dessin est franc et fait à la volée, la couleur jetée avec adresse et sans hésitation ; ce sont des tableaux d'un grand prix, indépendamment de tout intérêt historique et de tout mérite de rareté et de singularité. L'Hôtel-Dieu de Reims possède encore aujourd'hui vingt-sept compositions dont les sujets se rattachent : onze, à des scènes des *Mystères de la Passion* ; sept, aux scènes de la *Vengeance de Notre-Seigneur Jésus-Christ* ; dix, au *très-excellent et saint mystère du Vieil Testament*. Trois panneaux sont des *portraits d'apôtres*. »

On ne sait à quelle époque l'Hôtel-Dieu de Reims s'est trouvé en possession de ces monuments. Il est plus que vraisemblable qu'ils ont été sinon légués, au moins déposés en cette maison par le chapitre de Notre-Dame, au profit de qui les tapisseries étaient exécutées.

Ce qu'il y a de certain, c'est que depuis longtemps ces toiles sont considérées comme faisant partie du mobilier de l'Hôtel-Dieu.

La peinture à l'huile a été appliquée sur des tissus et souvent combinée avec des effets de tissage sous Henri II, Louis XIII et Louis XIV ; on en trouve la preuve dans les comptes de cette époque, où les toiles et les couleurs sont mentionnées.

La grande tapisserie de Louis XIV, retrouvée aux Tuileries et conservée au Garde-meuble, donne une idée de genre de peinture.

De semblables pratiques artistiques étaient depuis longtemps tombées dans l'oubli ; il y avait donc un grand intérêt à les en faire sortir à une époque comme la nôtre, où le goût se montre de plus en plus dans toutes les classes de la société, et à mettre à la portée du plus grand nombre cette nouvelle source de plaisirs élevés, de jouissances délicates.

Mais tout était à faire dans cette partie du vaste domaine de l'art. Créer des tissus spéciaux dont le grain fût la reproduction fidèle des tapisseries d'origines déterminées, et des couleurs, à la fois solides et brillantes, s'appliquant avec facilité sur ces mêmes tissus.

Les difficultés de ce double problème ont été résolues. Les couleurs sont trouvées, et ainsi qu'on le verra au cours de cet ouvrage, on peut maintenant se procurer des toiles fabriquées en vue de cette peinture, douées d'une souplesse exceptionnelle et remplissant complétement le but qu'il fallait atteindre. Elles existent en quinze ou vingt genres différents; toutes ces étoffes sont obtenues sur des largeurs inusitées afin de pouvoir donner satisfaction aux besoins les plus larges. Des explications ultérieures montreront l'utilité de pouvoir disposer de semblables dimensions et d'une aussi grande variété.

Nous croyons donc rendre un service réel aux peintres, aux décorateurs et aux architectes, en leur donnant la possibilité de créer de belles tentures peintes qui auront tous les mérites des tapisseries les plus harmonieuses de couleurs et les plus réussies de dessin avec tous les autres avantages inhérents à ce genre de décoration, sans avoir l'inconvénient d'être aussi rares et aussi coûteuses.

Un avantage capital aussi de ce mode de décoration, c'est la possibilité de faire immédiatement une œuvre originale, à laquelle l'imitation la meilleure ne peut jamais être comparée. Pour s'en convaincre, il suffit de se rappeler les copies les plus belles qui font la réputation des Gobelins : on sent que le tapissier, malgré toute son habileté, reste traducteur de la pensée et de l'œuvre d'autrui.

Une des causes qui contribueront, certainement, dans une grande mesure, à ce réveil de l'amour des belles œuvres, a été le remplacement du banal papier peint par ces toiles peintes qui sont le thème tout trouvé d'une décoration vraiment artistique, pour couvrir les murailles de tentures. Chacune de ces tapisseries peintes aura sa valeur propre, parce qu'elle aura été faite à un exemplaire, et ornera d'autant mieux qu'elle aura été conçue et peinte pour la destination spéciale à remplir.

De nos jours on a quelquefois trop sacrifié l'ornementation intérieure des édifices au luxe extérieur, comme si le contraire n'était pas plus logique. Nous croyons que le moment d'une réaction est venu, et que les architectes qui donnent tant de preuves d'habileté quand les circonstances les y invitent, feront une plus grande application dans les décorations intérieures des tapisseries peintes contre lesquelles rien ne peut lutter comme goût, élégance, harmonie, somptuosité et même bon marché.

Du contraste des Couleurs.

Les peintres aussi bien que les tapissiers, on ne doit pas perdre cette considération de vue, doivent être tout à fait familiarisés avec cette loi physique qu'on appelle loi du contraste des couleurs. Le principe du contraste est l'inverse du principe du mélange. Ainsi, lorsque le jaune et le bleu convenablement mélangés donnent du vert; une étoffe orangée, juxtaposée à une étoffe bleue, paraît plus orangée, et celle-ci paraît plus violetée.

Comme ce phénomène se produit toutes les fois où deux couleurs sont vues simultanément, on sent combien l'observation de la loi qui comprend ces cas nombreux importe à tous les artistes qui emploient les couleurs.

Sans elle il est impossible qu'un peintre copie avec connaissance de cause, avec conscience de ce qu'il fait, les couleurs d'un modèle quelconque, parce que ces couleurs, par leur vision simultanée, produisent une sensation différente de ce qu'elles produiraient si elles étaient vues isolément.

Les phénomènes de contraste, classés en contraste simultané, contraste successif, et contraste mixte, ont permis, il y a déjà plus de trente ans, à M. Chevreul, de donner à l'enseignement de la perception des couleurs une certitude dont il manquait auparavant.

Maintenant on sait que le contraste de deux couleurs juxtaposées porte à la fois sur le ton et la couleur. Quand, par exemple, deux couleurs juxtaposées sont à des tons différents, la plus foncée paraît plus foncée qu'elle n'est en réalité, et l'autre plus claire également qu'elle ne l'est aussi en réalité.

Si les couleurs appartiennent à des gammes différentes, elles nous affectent comme si la complémentaire de l'une s'ajoutait à l'autre. Les physiciens appellent couleurs complémentaires les deux couleurs, optiquement pures, dont le mélange donne des blancs. Si les couleurs juxtaposées sont le jaune et le bleu, le violet complémentaire du jaune s'ajoute au bleu, et l'orangé complémentaire du bleu s'ajoute au jaune; du moins ce sont les sensations que nous éprouvons des couleurs juxtaposées, sensations dont on est encore loin d'avoir trouvé une explication physiologique satisfaisante.

Cette loi du contraste donne seule les moyens de faire que des dessins blancs ou gris, sur fond de couleur, ne paraissent pas teintés de la couleur complémentaire de ce fond. Ce moyen consiste à teinter le blanc ou le gris de la couleur du fond. Comme un dessin blanc et surtout gris, sur un fond bleu, paraît roux, en le teintant de bleu on fait disparaître le roux.

Qu'on n'oublie pas ces remarques, ainsi que les suivantes, quand on voudra faire des tapisseries peintes comme celles dont nous parlons plus loin; l'artiste ou l'amateur ne doit jamais les perdre de vue. Il doit aussi se rappeler qu'il importe, dans le choix des modèles propres à la tapisserie, d'avoir égard à ce fait et à l'impossibilité où l'on est de limiter les formes aussi bien qu'on le fait en peinture. La conséquence est que les modèles doivent offrir, autant que possible, des couleurs franches, et les contrastes des couleurs et de tons concourir à rendre les formes distinctes à une distance où les cannelures et les sillons de la tapisserie disparaissent. Une tapisserie, ou une tapisserie peinte, exécutée dans un système contraire à celui qui vient d'être indiqué, aura toujours le défaut d'être trop sombre.

Charmer le regard, conduire l'esprit par l'intermédiaire de visions enchanteresses, dans le pays des songes, voilà ce que cherchent les Orientaux, et voilà ce qu'ils trouvent dans leurs tapisseries. La couleur en fait l'agrément principal. L'ornementation y est empruntée à la nature, mais au moyen d'une interprétation qui fait une large place à la fantaisie. Les arabesques, les méandres, les entrelacs y sont savants, jamais pédants. La géométrie joue un grand rôle dans l'agencement des lignes, mais sur ces combinaisons, les tons les plus riches répandent à profusion leurs chauds rayons de lumière.

Déjà les Orientaux fabriquaient les plus beaux tapis alors que l'Europe occidentale ne connaissait pas, même de nom, la tapisserie. Nos premiers modèles nous sont donc venus de l'Orient. Malheureusement nous les avons délaissés. Oubliant les conditions premières d'une technologie ornementale par excellence, de nos tapisseries nous avons fait des tableaux.

Il est vrai que les plus grands peintres, toutes proportions gardées entre les hommes et les époques (Mantegna à la fin du xv° siècle, Raphaël au commencement du xvi°, Rubens dans la première partie du xvii°, et Boucher au xviii°), ont prodigué leur génie, et, àdéfaut de génie, leur talent, à peindre des cartons de tapisserie. Mais ces compositions, qu'on le sache bien, étaient conçues exprès pour les manufactures de la Flandre ou des Gobelins. En vue de cette destination spéciale, les maîtres avaient fait leurs réserves; ils avaient procédé le plus possible par teintes plates; les couleurs étaient simples plutôt que composées. Les cartons eux-mêmes ressemblaient à de la tapisserie, et il est certain que des tapisseries faites d'après eux ne ressembleront jamais à des tableaux. Voilà l'essentiel. Il ne faut pas confondre les genres; il faut laisser à chaque chose sa physionomie propre. Une tapisserie qui ne paraît plus une tapisserie est un produit bâtard qui n'a pas de nom dans la langue des arts. En procédant ainsi, on fait du même coup deux mauvaises choses : une mauvaise tapisserie et un mauvais tableau.

Inspiré des mêmes idées, on possède maintenant l'expérience des effets que peuvent produire les tapisseries, ajoutons les imitations de tapisseries; depuis longtemps on les emploie à la décoration intérieure, mais la plupart de celles qu'on voit actuellement sont plus ou moins passées; il y aurait donc avantage à faire usage de produits qui brilleraient de l'éclat des couleurs les plus fraîches. Des œuvres originales pourraient être faites sans sortir néanmoins du style choisi pour la décoration intérieure d'un monument ou d'une habitation. Enfin, en faisant entrer plus largement ce mode de décoration dans les ameublements, on trouverait un public parfaitement préparé par la mode même à accueillir de la manière la plus favorable des tentatives de ce genre.

Des Bordures.

Aux amateurs qui se sont déjà adonnés à faire des tapisseries peintes pour orner les parois d'un appartement, ou pour faire des panneaux décoratifs, nous dirons, pour les guider dans leurs compositions, que selon que les sujets des tapisseries sont des compositions à personnages ou simplement des prétextes à ornementation pure, es bordures ont une importance toute différente. Sur ce point nous rapporterons les idées de M. Darcel :

« Presque toujours les bordures ont joué un grand rôle dans la composition des tapisseries. Si, au moyen âge, elles étaient nulles ou se réduisaient à une mince lisière sans effet, plus tard les tapisseries les mieux réussies ne paraissaient pas être achevées quand elles n'étaient pas encadrées dans une bordure faisant partie de la composition générale.

« A la Renaissance les bordures s'élargissent. Elles sont variées à l'infini et composées d'ornements plus ou moins imités de l'antique, combinés avec des figures. Généralement on oppose de petits motifs aux figures de grande proportion du sujet central, mais en ayant soin de donner plus de fermeté à certaines parties par des ornements à une autre échelle. Le milieu des bordures horizontales, et surtout les angles, y sont marqués par des écus et par des médaillons qui interrompent aussi parfois les bordures verticales.

« Sous Louis XIV les bordures verticales, sous forme de fleurons, furent en faveur pendant quelques instants ; elles étaient commandées par le désir d'user les compositions en longueur, destinées à décorer des trumeaux trop étroits. Plus tard on y trouve de petites figures qui s'y combinent de la façon la plus charmante avec des rinceaux grêles, de délicats enroulements qu'interrompent des parties droites ou brisées; ils s'enlèvent sur un fond où l'or domine, avec une coloration généralement plus claire que le sujet. »

Il était nécessaire de donner ces indications aux artistes qui peuvent être chargés de composer ou de faire des ameublements complets en tapisseries peintes pour placer dans un édifice d'un style donné. L'artiste amateur surtout, qui se sera donné une tâche de ce genre, s'y intéressera à tel point qu'il la mènera rapidement à bonne fin.

Faciliter les moyens de pratiquer les arts, c'est contribuer à en répandre les jouissances et les désirs; c'est contribuer aussi à relever les esprits en apportant une part d'impulsion au progrès de l'humanité, car les statues de tous les faux dieux auxquels celle-ci est venue tour à tour apporter ses hommages, ont été successivement renversées de leurs piédestaux; nous ne devons conserver que les images de ces deux divinités immortelles : la *Science* et l'*Art*. La première donne les plus grands biens physiques, et l'autre les satisfactions intellectuelles les plus élevées.

DEUXIÈME PARTIE

LEÇONS PRATIQUES

SUR

LA PEINTURE EN IMITATION

DES TAPISSERIES

PAR LES COULEURS LIQUIDES

MATÉRIEL DE L'ATELIER

ET

OPÉRATIONS PRÉLIMINAIRES

Avant d'entrer dans le détail technique du procédé de peinture que nous nous proposons de traiter, il nous paraît utile de donner quelques renseignements sur les objets qui sont nécessaires pour bien opérer, et nous allons, par une description aussi succincte que possible, indiquer l'usage de tout ce qui doit composer le matériel d'un atelier.

Le Chevalet.

Le chevalet mécanique est celui auquel on doit donner la préférence. C'est le seul pouvant supporter des toiles de toutes grandeurs.

Pour les dimensions d'une grandeur exceptionnelle, on peut fixer en haut de la tige une traverse de bois de la largeur du châssis sur lequel on a à travailler ; on attache celui-ci après cette traverse, et on obtient ainsi, pour le châssis, une fixité qui est absolument nécessaire.

Le Châssis.

Le châssis est indispensable pour tendre la toile ; il doit être fait comme les châssis à tableaux, c'est-à-dire que le bâtis doit être évidé, afin que la toile n'y adhère que par l'angle des bords extérieurs. Il doit toujours avoir sur chaque sens quelques centimètres de plus que la grandeur du sujet que l'on veut peindre.

Enfin, si le châssis doit excéder un mètre, il faut le consolider avec des traverses en croix pour maintenir sa rigidité, car la toile, mouillée par la couleur, se resserre et peut faire gauchir le châssis.

Le châssis à clefs peut aussi être utilement employé ; il permet de retendre la toile à volonté.

Il reste bien entendu que la toile doit toujours être isolée des bois du châssis pour éviter le coulage de la couleur entre elle et ces derniers, ce qui gâterait tout le travail en cours d'exécution.

La Toile.

Les toiles dites *toiles Binant* sont celles que nous préférons ; étant tissées avec des fils apprêtés pour le genre de peinture qui nous préoccupe, elles ont une affinité toute particulière pour les couleurs liquides.

Leurs grandes largeurs variées permettent d'entreprendre toutes sortes de décorations de n'importe quelle dimension. Elles existent en vingt types ou grains différents.

Celles à grains carrés, par exemple, servent :

Les nᵒˢ 11 et 17, pour imiter les anciennes tapisseries à point fin et irrégulier ;

Le nᵒ 12, pour les anciennes tapisseries à point carré, dont la fameuse tapisserie de Bayeux est un des plus beaux types.

Les nᵒˢ 15, 16, 19, 20 et 21, dits *points Gobelins*, ainsi que les nᵒˢ 13 et 14, — Reps petites et grosses côtes, — conviennent à tous les autres genres de tapisseries, depuis les tapisseries Flamandes, de Saumur, de Fontainebleau, etc., jusqu'à nos tapisseries des Gobelins, de Beauvais et d'Aubusson.

Pour les tapisseries Flamandes :

De 2 mètres et au-dessus, on prendra les n°s 14 et 21.

De 1^{m},50 à 2 mètres, le n° 16.

Au-dessous de 1^{m},50, les n°s 13 et 15.

Pour les tapisseries de Beauvais, des Gobelins et d'Aubusson (haute lisse et basse lisse bien entendu) :

De 2 mètres et au-dessus, on prendra le n° 16.

De 1 mètre à 2 mètres, les n°s 13 et 15.

Au-dessous de 1 mètre, les n°s 19 et 20.

Lorsque la copie qu'on doit reproduire doit être de la grandeur de l'original, ce qu'il y a de mieux à faire est de prendre la toile qui contient par centimètre le même nombre de fils que cet original.

Les toiles, si on en fait provision, doivent être tenues à l'abri de la poussière, et il est bon de battre tous les deux ou trois jours celle sur laquelle on travaille.

TENDAGE DE LA TOILE SUR LE CHASSIS.

Après avoir fait choix de la toile on la coupe de façon à ce qu'elle excède de 4 à 5 centimètres environ les dimensions du châssis.

Puis on l'étend sur une table ou sur un parquet propre, et on pose le châssis dessus, le côté évidé du côté de la toile, bien entendu, et on fixe les quatre angles au moyen de petits clous dits semence, qu'on n'enfonce pas entièrement. On en place un au milieu et aux angles de chacun des côtés pour maintenir la toile.

On peut alors relever le châssis et le tenir dans une position verticale pour finir de tendre la toile, ce qu'on fait en enfonçant des semences de cinq en cinq centimètres. Lorsque l'un des côtés est fixé, on continue par le côté opposé, en opérant de même pour les deux autres.

Il est très-important, surtout pour les toiles Gobelins, de les tendre de façon à ce que les nervures ou côtes conservent bien leur position droite et parallèle aux bords du châssis. On y parvient facilement en procédant ainsi : Soit le châssis A B C D (fig. 1). Après avoir cloué

la toile aux angles et au milieu, on dresse le châssis pour fixer le côté A B *droit fil*, en tendant légèrement de A à B.

On enlève la semence provisoire du milieu de A D et celles de l'angle D ; on tend l'angle D en tirant sur A B et on fixe définitivement cet angle. On tend ensuite en C sur B de façon à ce que, entre C et B, il y ait le même nombre de nervures ou côtes qu'entre A et D ; on cloue en C D en suivant le fil indiqué, et on finit ensuite les côtés A D et B C.

Il faut avoir soin de ne pas exagérer la tension de la toile, car en peignant, l'humidité la ferait trop tendre, les fils se désagrégeraient et ne retiendraient plus la couleur. Il faut surtout s'abstenir de mouiller la toile pour la tendre ; les pliures, lorsqu'il y en a, ne s'effacent pas au tendage, mais au cours du travail : l'humidité que produisent les couleurs les fait disparaître.

Lorsque l'on travaille beaucoup, on arrive à avoir une collection de châssis de diverses grandeurs, et s'il arrive qu'un motif à peindre exige des dimensions autres que celles des châssis que l'on possède, on en prend alors un plus grand que le sujet à reproduire, et on procède de la manière suivante pour tendre la toile.

Soit une toile A E F G (fig. 2) et un châssis plus grand A B C D.

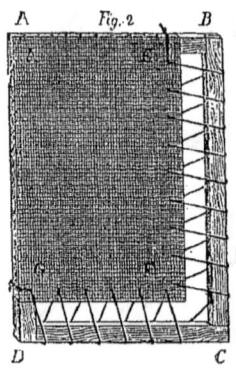 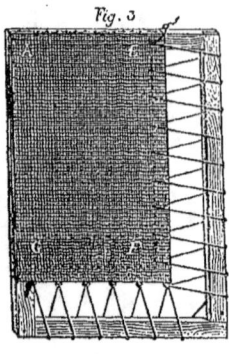

On fait sur les deux côtés E F et F G de la toile, un point d'arrêt en surjet pour l'empêcher de s'effiler. Puis on fixe les deux côtés A E et A G sur le châssis, comme à la précédente opération, avec de la ficelle ordinaire passée dans un carrelet, et dont on a préalablement attaché un des bouts en B, on fait un passé de la toile au châssis de cinq en cinq centimètres. On tend ensuite la toile en tirant sur la ficelle à chaque point en ayant soin, ainsi qu'il a déjà été expliqué, que le fil C F du bord de la toile soit partout à égale distance du bord D G du châssis.

Lorsque l'on opère sur des toiles Gobelins ou Reps, on cloue les bords de la toile E F et G F (fig. 3) sur une tringle en bois de trois centimètres de largeur sur deux centimètres d'épaisseur environ. On passe le carrelet près de la tringle comme en E F, ou, ce qui est préférable encore, dans des pitons placés à l'avance sur l'épaisseur de la tringle comme en G F. Le tirage s'opérant sur les tringles qui commandent la toile dans toute sa hauteur et sa largeur, on évite ainsi les ondulations qui se produisent par le tirage des ficelles, et on conserve aux nervures ou côtes de la toile le parallélisme qu'elles doivent toujours conserver.

Les Couleurs.

La dénomination des couleurs liquides est la même que celle des couleurs employées pour l'aquarelle.

En voici la nomenclature :

Noir d'ivoire,	Brun rouge,
Payn's Grey,	Rouge de Saturne,
Sépia naturelle,	Vermillon,
Terre de Sienne brûlée,	Outremer,
Brun Van-Dyck,	Bleu turquoise ou cobalt,
Terre de Sienne naturelle,	Bleu de Prusse,
Terre d'Italie naturelle,	Indigo,
Jaune de cadmium,	Vert émeraude,
Jaune de chrome foncé,	Vert olive,
Jaune de chrome clair,	Vert végétal,
Carmin,	Violet bleu.

Ces vingt-deux couleurs suffisent dans la plupart des cas; elles sont très-solides.

Pour les travaux d'une exécution fine et qui demandent de la fraîcheur, on peut ajouter encore à cette nomenclature les couleurs suivantes :

Rose de chine,	Laque rose dorée,
Solférino,	Violet pourpre.

Ces couleurs, peu solides, doivent être employées avec ménagement.

On se sert aussi d'eau de Javel et d'acide picrique.

L'eau de Javel sert à enlever la couleur dans certains cas.

L'acide picrique, en cristaux d'un beau jaune sur lesquels on verse de l'eau ordinaire que l'on renouvelle au fur et à mesure de l'emploi, donne une dissolution qui sert au mélange des couleurs et aux glacis.

Les Pots.

Les pots doivent être en porcelaine ou en terre vernissée, le métal devant être rigoureusement exclu.

Ces pots seront droits et sans rebords, ceux qui servent aux confitures ainsi que ceux employés par la droguerie et la parfumerie sont excellents pour cet usage,

Plusieurs dimensions sont nécessaires :

N° 1, de 3 centimètres de hauteur ;

N° 2, de 4 »

N° 3, de 8 ».

N° 4, de 10 » (deux).

Dans l'un de ces derniers on mettra l'eau destinée à étendre les mélanges.

Dans l'autre, l'eau destinée au lavage des pinceaux.

Cette eau devra être fréquemment renouvelée.

Les Bouteilles et les Flacons.

Les bouteilles et les flacons doivent être en verre blanc.

Deux sortes sont nécessaires :

La première, d'une contenance d'un décilitre environ, est destinée à la réserve des couleurs ; elle constituera le magasin dans lequel on puisera au fur et à mesure de la consommation.

La deuxième, des flacons de petite dimension destinés à rester dans la palette et dont le goulot doit être assez large pour que les brosses puissent y pénétrer facilement.

Les bouteilles et les flacons doivent être bouchés àl'émeri. Le bouchon de liége doit être rigoureusement rejeté ; il reste collé aux parois du goulot, et, lorsqu'on veut l'enlever, il se casse et laisse des impuretés qui altèrent la couleur.

Les bouchons à l'émeri doivent même être frottés avec un corps gras pour empêcher leur trop grande adhérence; le suif est excellent pour cet usage.

Les bouteilles de la réserve doivent toujours rester bien bouchées; quant aux flacons on peut sans inconvénient les laisser débouchés pendant la durée d'une séance.

Lorsque l'on a des mélanges à faire, il faut éviter autant que possible de tremper alternativement les brosses dans l'un et l'autre flacon, le mieux est de verser les couleurs sur la palette afin d'éviter de salir inutilement la couleur.

Inutile d'ajouter que chaque fois qu'un flacon est vide il doit être soigneusement nettoyé avant d'être rempli.

Les Brosses.

Il faut trois pinceaux en martre, demi-longs, de trois grosseurs différentes.

Ces pinceaux serviront à faire les traits et quelques fines retouches dans les travaux de petite dimension.

Une demi-douzaine de brosses rondes en soie, courtes, de diverses grosseurs comme celles à peindre à l'huile; ces brosses sont destinées au rechampissage des contours et à coucher les petites teintes.

Six brosses, dites brosses à tapisserie, d'une fabrication spéciale

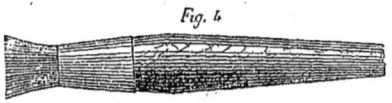
Fig. 4

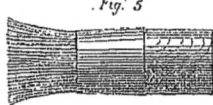
Fig. 5

(fig. 4), pour les grandes teintes des arbres, des ciels, des terrains, des vêtements, etc.

Quelques brosses, en soies courtes (fig. 5), complètent l'assortiment; elles servent à faire pénétrer la couleur dans les grains de la toile.

Toutes ces brosses, choisies aussi dures que possible, ne deviennent véritablement bonnes que lorsqu'elles sont un peu usées.

Il faut autant que possible se servir des mêmes brosses pour les mêmes gammes; ainsi les brosses qui ont servi aux tons verts ne doivent pas être employées pour les jaunes vifs et les rouges, ce qui aurait l'inconvénient de salir tous les tons.

Quatre séries de brosses dans chaque genre sont suffisantes :

> Une pour les verts ;
> Une pour les bruns ;
> Une pour les bleus ;
> Et une pour les rouges et les jaunes.

Les Éponges.

Deux éponges de moyenne grosseur, mais de belle qualité, sont nécessaires; elles doivent être fermes. L'une servira à laver sur la toile, l'autre à étancher les brosses.

La Palette.

La palette se compose généralement d'une planchette en bois autour de laquelle sont ménagées des cases dans lesquelles on classe

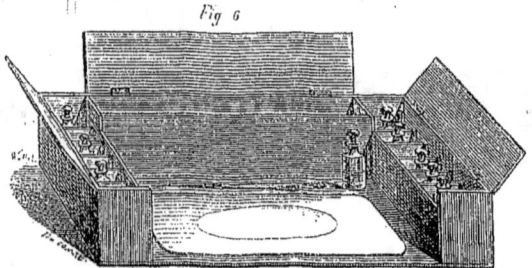

Fig 6

dans un ordre déterminé les flacons qui contiennent les couleurs (fig. 6). Ces flacons doivent toujours rester dans le même ordre.

Les brosses se placent devant les cases ou dans une boîte séparée, ce qui est préférable.

Au milieu de la palette un plateau creux en porcelaine ou une glace dépolie sur lequel on fait les mélanges peu abondants, tels que les essais et les retouches finales.

Les pots, contenant les teintes, sont rangés devant les cases. Sur la droite sont les deux pots à eau et les éponges.

Table à peindre.

Nous avons imaginé pour notre genre de peinture une table-palette sur laquelle tous les objets nécessaires sans exception, peuvent être rangés sur des tablettes. (Fig. 7.)

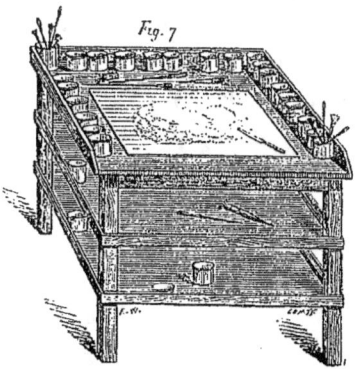

Fig. 7

Cette table sert en même temps de palette. Elle peut être montée sur roulettes pour en faciliter le déplacement, suivant les exigences du travail.

Appui-main.

L'appui-main est tellement connu, que nous ne le mentionnons ici que pour en recommander l'usage et nous élever contre la mauvaise habitude de certaines personnes qui appuyent directement leurs mains sur la toile.

Du Papier et du Poncis.

L'esquisse du sujet qui doit être reproduit doit toujours être faite d'avance sur du papier bulle ou bleuté, non cotonneux.

Ce papier se trouve dans le commerce, soit en feuilles, soit en rouleaux ; c'est ce même papier qui sert pour le poncis.

Lorsque l'on copie une tapisserie ou un modèle peint, et que cette copie doit être faite dans la dimension de l'original, on peut faire un calque qui servira de poncis. Le papier dioptique qui existe en grandes feuilles et en rouleaux est suffisant dans la plupart des cas ; cependant, pour les tapisseries un peu effacées, on est quelquefois obligé d'avoir recours au papier végétal qui est beaucoup plus transparent et plus solide que le précédent.

Lorsque l'un ou l'autre de ces deux papiers sera employé, et que les calques devront servir d'esquisse, on devra piquer son dessin à l'envers, c'est-à-dire du côté opposé au dessin, et, par conséquent, à la surface sur laquelle on doit frotter la ponce. Les piqûres formant râpe du côté de la face du dessin accrochent mieux la ponce et marquent mieux le dessin que les papiers trop lisses piqués à l'endroit.

Le Piquoir.

Le piquoir est tout simplement une aiguille enfoncée par la tête dans un morceau de bois, un manche de brosse, par exemple.

Après avoir mis le papier bien à plat sur une couverture de laine pliée en double, on pique les traits du dessin en tenant l'aiguille bien perpendiculaire. Le dessin se trouve ainsi reproduit de l'autre côté du papier par une série de trous qui doivent être assez rapprochés pour que le dessin soit bien marqué, sans toutefois que la proximité des trous fasse couper le papier.

On trouve maintenant dans le commerce des piquoirs tout faits appelés *pointes à calquer* (fig. 8), qui sont montés de façon à pouvoir changer les aiguilles lorsqu'elles se cassent, ce qui arrive souvent.

Fig. 8

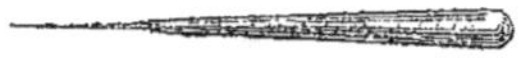

On ne saurait trop insister sur la nécessité de tenir le piquoir bien perpendiculaire, sinon la poudre ne traverserait pas les trous.

La Roulette.

La roulette à piquer ressemble à une molette d'éperon dont la tige est fixée dans un manche en bois (fig. 9).

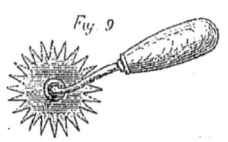

Fig. 9

Au lieu de mettre le dessin à piquer sur une couverture, on l'applique sur une planchette en bois tendre; du peuplier sans nœuds convient parfaitement pour cet usage; on promène la roulette sur les traits du dessin en l'appuyant assez pour que les trous soient bien marqués.

La roulette ne peut s'employer pour les petits détails; mais pour les grandes lignes droites, celles d'architecture, les grandes lignes courbes et méplates de troncs d'arbres, les grands plis de vêtements, etc., elle est très-utile et accélère notablement le travail assez ennuyeux du piquage. Il faut une certaine habitude pour se servir de ce petit instrument dont le seul défaut est d'écorcher un peu le papier.

La Poncette.

La poncette se fait avec un carré de toile un peu usée, mais sans trous, dont les interstices de la chaîne et de la trame forment tamis.

On étale sur ce chiffon une poudre impalpable, soit noire, soit de toute autre couleur. Relevant les angles et les côtés du chiffon, on les réunit par une ficelle et on forme ainsi un tampon (fig. 10) ; il ne

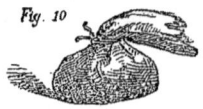

Fig. 10

faut pas trop serrer la poudre dans la toile, elle ne se tamiserait plus qu'avec difficulté.

Pour poncer un dessin, on frotte avec la tête de ce tampon sur le papier piqué que l'on a fixé sur la toile à peindre à l'aide de quelques clous, dits punaises, posés sur les bords du châssis. On doit appuyer modérément, de façon à laisser un certain jeu à la poncette ; la poudre, passant au travers du chiffon et des trous du dessin piqué, se pose alors sur la toile et indique le trait ; il faut frotter avec soin et éviter les tapotements, ce qui aurait l'inconvénient grave d'étaler la poudre sur la toile et de rendre les traits diffus.

La poudre de charbon de bois, finement écrasée et bien tamisée, doit être préférée à toutes autres ; elle est assez adhérente à la toile pour permettre de passer le dessin au trait, et elle s'efface bien lorsque ce dernier est terminé. Nous apprécierons plus loin l'importance de cet avantage.

Lorsque la partie sur laquelle on doit poncer un dessin est trop foncée pour que la poudre de charbon soit visible, on se sert de *talc*, c'est la seule poudre blanche possible ; la craie ne s'efface pas, le blanc d'Espagne ne traverse pas le linge de la poncette, et la chaux, outre que sa poussière est désagréable à respirer et pique les yeux, elle altère les couleurs. Le plâtre à mouler peut aussi être employé pour cet usage, mais à la condition que la poncette soit tenue constamment à l'abri de l'humidité.

Si l'on doit opérer sur des toiles fines et très-blanches, telles que les Gobelins n°ˢ 13, 15, 16, 19 et 20 du carnet des *toiles Binant*, on se sert d'une poudre grise qu'on obtient en mélangeant de la cendre de bois et de la poudre de charbon. Cette poudre, qui doit être également bien tamisée, ne salit pas le trait.

Les Punaises.

La punaise est une petite pointe d'acier rivée dans une rondelle de cuivre. Elle sert à fixer momentanément les papiers, modèles ou poncis. Deux ou trois douzaines suffisent pour un atelier.

PEINTURE SUR TOILES SOUPLES

EN

IMITATION DE TAPISSERIE

PROCÉDÉ AUX COULEURS LIQUIDES

EXÉCUTION DE LA VERDURE (Pl. V)

PREMIÈRE LEÇON

Pour copier le paysage (pl. 5), qui est la reproduction d'une verdure flamande, voici comment il convient de procéder :

La peinture devant avoir 1 mètre de largeur sur 1 m. 50 de hauteur, il faut tendre une toile sur un chassis de 1 m. 05 sur 1 m. 55, afin d'avoir quelques centimètres de marge pour fixer la peinture à sa place définitive après exécution.

La toile étant bien tendue, ainsi qu'il a été expliqué, on fixe dessus une feuille de papier bulle de même dimension, à l'aide de punaises piquées sur les bords du châssis ; cette feuille de papier est destinée à faire le poncis.

Esquisse au fusain.

Le tout étant posé sur le chevalet, on commence l'opération.

On indique au fusain, par un trait aussi léger que possible, la place des arbres, les ondulations de terrains, du pont, de la rivière et du clocher du fond. Une fois les grandes masses bien en place, bien en proportion par rapport au modèle, on indique la place des euillages, de quelques détails des troncs d'arbres avec les grandes formes extérieures de ceux-ci ; la place des feuilles de lierre sur l'arbre de gauche, les plantes du premier plan, l'arcade du pont et la chaussée, les buissons des second et troisième plans, ainsi que les maisons et le clocher qui sont à l'horizon.

Après avoir soufflé légèrement sur les traits pour enlever l'excédant du fusain, on trace le plus exactement possible les contours de manière à avoir un dessin bien arrêté, ainsi qu'il est figuré (B, pl. 1re).

Ponçage du dessin.

On détache le papier de la toile, on pique le dessin et on le ponce. En faisant cette dernière opération, il est bon de s'assurer si le dessin est bien indiqué partout. A cet effet, retirant les punaises du bas et des côtés, on soulève le papier avec précaution et on vérifie s'il y a des lacunes dans le trait. S'il en existe, on repose la feuille qui est toujours maintenue du haut par les punaises, et on frotte de nouveau la ponce aux endroits défectueux.

Lorsque le tout est bien poncé, on enlève complétement le papier et on a sur la toile le pointillé indiqué (A, pl. 1re).

Passage au trait.

Il s'agit maintenant de passer le dessin au trait (B, pl. 2).

Afin d'éviter que des gouttes de couleur tombent sur la toile, on fixe définitivement le châssis sur le chevalet, en ayant soin de l'incliner en avant.

On se sert d'un pinceau de martre fin, et de couleurs mélangées d'assez d'eau, afin que le trait ne soit que légèrement marqué, pour qu'il ne gêne pas vers la fin du travail.

Il est nécessaire de passer ce trait avec des couleurs appropriées au ton des objets qu'on doit peindre ; ainsi, pour les feuillages et les plantes, on se servira d'un ton vert ; pour les troncs d'arbres, les détails des terrains, de terre de Sienne brûlée. On comprendra aisément qu'il est indispensable de faire le trait aussi fin que possible.

Le motif ainsi passé au trait, il faut, avec une baguette, battre la toile afin d'en chasser toute la poudre du poncis, qui disparaît complétement si on a eu le soin de n'employer que du charbon pilé, ainsi que nous l'avons indiqué plus haut.

Préparation des couleurs.

Pour l'exécution de la tapisserie qui nous occupe, trois gammes de couleurs sont nécessaires.

Les feuillages, les plantes et les gazons sont de deux gammes différentes. L'une est *vert-bleu*; l'autre, *vert-jaune*. Les terrains et le pont sont d'une autre gamme plus chaude.

Chacune de ces gammes est composée de quatre tons dont voici la subdivision.

GAMME VERT-BLEU

Pour les lierres et le feuillage de l'arbre de gauche, le haut des feuillages des arbres de droite, l'eau, les arbres du fond, les maisons et les plantes du premier plan.

1er TON (clair).   — Terre de Sienne naturelle.
Jaune de chrôme clair.
Vert olive.
Eau pure (beaucoup).

2e TON (local).   — Même mélange que le 1er ton, sauf plus de terre de Sienne, plus une pointe d'outremer.

3e TON (à tailler).   — Outremer.
Sienne naturelle.
Payn's grey.
Jaune de chrôme.

4e TON (à repiquer).— Bleu de Prusse.
Outremer.
Terre d'Italie.

GAMME VERT-JAUNE

Pour l'arbre de droite, le buisson au bas de cet arbre, et partie des gazons dans lesquels le pont est engagé :

1er TON (clair). — Terre de Sienne naturelle.
Jaune de chrôme.
Vert olive.
Eau (moins que dans la gamme bleue).

———

2e TON (local). — Bleu de Prusse (peu).
Sienne naturelle.
Vert végétal.
Eau.

———

3e TON (à tailler). — Bleu de Prusse.
Vert végétal.
Sienne naturelle (très-peu).
Sienne brûlée (très-peu).
Eau.

———

4e TON (à repiquer).— Terre de Cassel.
Sienne brûlée.
Vert végétal.

GAMME CHAUDE

Pour les terrains, le pont et les troncs des arbres :

1er TON (clair). — Terre de Sienne naturelle (peu).
Terre de Cassel.
Payn's Grey (peu).
Eau.

———

TON (local). — Sienne naturelle.
Sienne brûlée.
Terre de Cassel (peu).
Eau.

3ᵉ **TON** (à tailler). — Sienne brûlée.
　　　　　　　　　　　Terre de Cassel.

———

4ᵉ **TON** (à repiquer).— Terre de Cassel.
　　　　　　　　　　　Outremer.
　　　　　　　　　　　Carmin.

Les couleurs, perdant de leur intensité en séchant, il convient de faire tous les tons plus foncés que ceux du modèle. Puis, il ne faut pas oublier que généralement on n'arrive pas du premier coup à la valeur nécessaire ; il faut passer plusieurs fois les mêmes tons pour atteindre le résultat voulu, ainsi que nous le verrons au cours du travail.

Tous les mélanges étant terminés, les pots doivent être rangés dans un ordre méthodique sur la palette, et après qu'on a placé sur chacun d'eux une étiquette portant le nom de la gamme et le numéro du ton.

EXEMPLE :

Gamme vert bleu.	Gamme vert bleu.	Gamme vert bleu.	Gamme vert bleu.
Nº 1	Nº 2	Nº 3	Nº 4
(ou ton clair).	(ton local).	(ton à tailler).	(ton à repiquer).

Gamme vert jaune.	Gamme vert jaune.	Gamme vert jaune.	Gamme vert jaune.
Nº 1	Nº 2	Nº 3	Nº 4
(ton clair).	(ton local).	(ton à tailler).	(ton à repiquer).

Gamme chaude.	Gamme chaude.	Gamme chaude.	Gamme chaude.
Nº 1	Nº 2	Nº 3	Nº 4
(ton clair).	(ton local).	(ton à tailler).	(ton à repiquer).

DEUXIÈME LEÇON

On passe avec une brosse à tapisserie de moyenne grosseur le ton n° 2 de la gamme vert-jaune sur tous les feuillages de l'arbre de droite et sur les terrains du fond, en ne réservant absolument que les clairs-jaunes (C, pl. 2).

Cette première opération terminée, on lave la brosse avec soin et on prend le ton n° 2 de la gamme bleue et on procède de même pour l'arbre de gauche, l'arbre et les buissons du fond, les maisons, les lierres du premier plan, l'eau et la partie claire du buisson au pied de l'arbre de gauche et les plantes du premier plan (C, pl. 2).

Même opération avec le ton n° 2 de la gamme chaude pour faire le pont et les troncs d'arbres (C, pl. 2ᵉ).

Il faut avoir le soin, pour passer tous ces tons, de bien frotter la brosse et à plein liquide; sinon la couleur, ne pénétrant pas suffisamment dans la toile, tiendrait peu et laisserait des points blancs du plus désagréable effet. Il est donc nécessaire de prendre du liquide souvent et de ne pas craindre de traverser la toile, si on peut y parvenir.

Prenons maintenant avec une brosse de même grosseur le ton n° 3 (à tailler) de la gamme vert-jaune pour le passer sur les ombres du feuillage des arbres, sur celles des terrains du fond ainsi que sur les ombres des feuillages inférieurs de l'arbre de gauche (D, pl. 2ᵉ); même opération avec le ton n° 3 (ton à tailler) de la gamme bleu pour les buissons et l'arbre du fond, les maisons, l'eau, les lierres et les plantes du premier plan (D, pl. 2ᵉ).

Avec le ton n° 3 de la gamme chaude on en fait autant pour les troncs d'arbres, les terrains et le pont (D, pl. 2ᵉ).

Avec une brosse à tapisserie un peu plus petite, on passe le 4ᵉ ton (à repiquer) de chacune des gammes, ainsi qu'il est marqué en E (pl. 3ᵉ) et en F (pl. 4ᵉ).

Il est essentiel, dans le premier travail qui vient d'être indiqué, de marquer *très-nettement* les diverses formes dans lesquelles sont renfermés chacun des tons afin d'éviter la mollesse et la confusion. Pour obtenir ce résultat, la patience, et surtout l'exercice, sont nécessaires pour les personnes qui n'ont pas déjà quelque habitude du dessin.

TROISIÈME LEÇON

Il convient maintenant de faire le ciel. Il s'obtient de la manière suivante : on prend le ton n° 2 de la gamme bleu, pour le haut, le ton n° 1 de la même gamme pour le bas; on étend ces deux tons dans une assez forte proportion, et avec une brosse pour chacun on passe les tons à leur place respective, ayant soin de bien imbiber la toile et de passer un peu sur les arbres, en réservant toutefois les parties les plus claires, puis on laisse sécher.

Lorsque le tout est bien sec, on prend les n°ˢ 1 des différentes gammes et on les passe sur les parties claires et celles déjà couvertes par le n° 2, en frottant fortement sur les premières et légèrement sur les secondes.

Avec le n° 1 de la gamme jaune, on glace également les troncs d'arbres de droite, les terrains inférieurs et les plantes du premier plan, à l'exception du lierre.

Arrivé à cet état le travail est terminé comme en H, (pl. 4°), qui montre un travail où les teintes superposées manquent de lien entre elles et souvent n'ont pas l'intensité nécessaire; il faut alors, après avoir bien laissé sécher la toile, prendre chacun des tons, les repasser sur toutes les parties qui ne sont assez vigoureuses en les liant, par des hachures, avec les plus claires. Ainsi, pour les feuillages, il faut prendre le 4° ton, le passer à plein liquide sur le 3° partout où le 2° a besoin d'être vigoureusement détaché, et terminer en hachures dans les autres parties; avec ce même ton on doit, au moyen de quelques hachures, enlever les parties peintes avec le ton n° 1, sur celles peintes avec le ton n° 2.

On devra remarquer également que toutes les parties claires, c'est-à-dire celles peintes avec les tons n° 1, n'ont pas la même intensité ; ces mêmes tons repassés dans les parties les moins claires donneront l'effet voulu.

Il ne reste plus à faire que les parties très-vigoureuses avec un ton brun qui n'existe pas dans le commerce ; mais que l'on peut obtenir par le moyen suivant : on fait un mélange de terre de Cassel, de terre de Sienne brûlée, de carmin et d'un peu d'outremer ; on le laisse s'évaporer jusqu'à ce qu'il soit devenu légèrement pâteux. On se sert alors de ce ton comme des autres couleurs liquides, en le passant sur .es parties, à mettre en vigueur, des troncs d'arbre, des terrains et des quelques feuillages, ainsi que l'indique la planche V.

Le travail étant amené à ce point, si quelques-unes de ses parties manquent d'harmonie, de ton et de vigueur, et que, par exemple, le premier plan du terrain à gauche soit trop clair, on fait alors, sur la palette, les mélanges dont nous avons précédemment indiqué la formule, sans addition d'eau toutefois, et on les passe sur les différentes parties qui ont besoin d'être plus accentuées de ton.

Il ne faut pas se départir de ce principe que ce genre de peinture ne se faisant que par glacis ou superposition, plus on passe de teintes les unes sur les autres plus on obtient d'intensité de ton.

EXÉCUTION DU SUJET TÉNIERS (Pl. VI)

QUATRIÈME LEÇON

Si on a suivi attentivement ce que nous avons dit relativement à la planche V°, on doit avoir déjà une connaissance suffisante de la palette et des moyens d'exécution pour reproduire exactement la planche VI [1].

Afin d'en faciliter l'exécution nous donnerons à cette peinture 1^m20 de hauteur sur 1^m80 de largeur pour que les personnages puissent avoir au moins 0,35 centimètres. Si cependant l'espace dont on peut disposer permet de prendre une toile assez grande pour que les personnages puissent être de 0,40, cela sera préférable.

Après avoir fait le poncis et passé au trait, on prépare trois gammes composées comme dans la première leçon. On y joint, pour les vêtements, trois tons auxiliaires : n° 1, bleu de Prusse étendu d'eau ; n° 2, terre de Sienne brûlée et un peu de jaune de chrome également étendus d'eau ; enfin, n° 3, payn's grey, très-peu de terre de Sienne brûlée et de l'eau,

On procédera pour les paysages et les terrains comme dans la précédente leçon, en amenant le travail au point de la partie (C pl. 2e).

La maison de gauche devra être ébauchée comme le pont (D pl. 2e) en couvrant entièrement la figure de la porte avec le ton n° 2 de la gamme chaude et en ajoutant dans ce ton un peu de payn's grey et d'eau pour la partie extrême gauche de cette maison. Les palissades, le baquet renversé, la table, l'escabeau, le petit pont devront être ébauchés avec les n°s 2 et 3 de cette même gamme chaude.

---

1. Nous donnons plus loin quelques explications complémentaires que nous avons cru devoir, pour plus de clarté, renvoyer au chapitre suivant.

Le personnage habillé en bleu devra être ébauché : la veste, avec le ton bleu de Prusse, en réservant le ton de la toile pour faire les clairs du dos ; les manches, avec ce même ton mélangé d'un peu de terre de Sienne brûlée, ou mieux de terre de Cassel ; ce dernier ton, avec une addition de terre de Sienne brûlée, fera l'ombre froide de la culotte ainsi que le clair du chapeau de l'homme de droite ; il servira également de ton local pour la culotte de ce dernier, et de ton clair pour ses guêtres.

Le ton auxiliaire n° 3 fera le ton local de l'habit de ce même personnage, l'ombre de la veste de l'homme de gauche, ainsi que celle de sa culotte et de son chapeau.

L'homme à la coiffure rouge aura la veste ébauchée avec le premier ton auxiliaire ; avec le quatrième ton de la gamme chaude on fera sa culotte, ses guêtres, les repiqués de son habit, ainsi que les ombres de la veste jaune, celles des guêtres, de l'homme bleu, les repiqués du baquet et de la veste du personnage de gauche ; cette même veste aura son clair fait avec le n° 1 de la gamme chaude. Les deux personnages accessoires du fond auront leurs vêtements indiqués avec ce même ton ; enfin, la veste bleue sera taillée et repiquée avec du bleu de Prusse plus ou moins étendu d'eau.

Les chairs seront toutes ébauchées en massant leurs ombres, avec du brun rouge étendu d'eau suivant les plans.

On couchera la coiffure rouge avec du vermillon pur.

Les personnages et leurs accessoires ainsi ébauchés, on prend le quatrième ton de chacune des gammes pour en mettre partout où il est nécessaire.

On procède ensuite à l'exécution du ciel en prenant les deux tons de la leçon précédente avec un troisième ton un peu plus foncé ainsi que l'indique la planche VI. Il conviendra de passer le ton le plus clair sur le lointain formé par la butte que domine le petit château.

Pendant que le ciel sèche, on termine les terrains, les troncs d'arbres, la maison, etc., avec les premier et quatrième tons de la gamme chaude, en passant le premier ton dans les parties claires et en prenant les autres tons, soit à plein liquide, soit en hachures, comme dans la leçon précédente.

La femme dans la porte s'indique avec ces mêmes tons en y ajoutant un peu de bleu pour le tablier.

Le ciel étant sec on termine les feuillages, puis, abordant les figures, on achève les personnages au moyen de la connaissance acquise de la palette.

Une remarque pour les chairs dont nous n'avons indiqué jusqu'à présent que les ombres, c'est que leur ton local est généralement composé, soit d'un mélange de brun rouge et de jaune de chrome, soit d'un mélange de ce même jaune et de laque rose dorée, suivant la fraîcheur qu'on veut obtenir.

Enfin, pour terminer son œuvre, on accentue les détails, ainsi que l'indique la planche, avec le ton foncé, signalé pour les vigueurs, dans la leçon précédente.

LEÇON GÉNÉRALE

Il est bien entendu que nos lecteurs auront dû prendre l'esprit plutôt que la lettre de nos explications. Ils auront compris, à n'en pas douter, qu'il est impossible d'indiquer les proportions exactes dans lesquelles les couleurs doivent être mélangées, ni les glacis que l'on peut faire. Le coup d'œil que donne l'expérience peut seul servir de guide, et, pour l'acquérir, il est nécessaire de s'exercer constamment en couchant des tons divers sur des bandes de toile, de grains variés, et de faire sur ces tons, une fois secs, les glacis qui viennent à l'esprit.

Ainsi on couche une bande d'un ton bleu de Prusse; on en glace une partie avec de l'acide picrique pur, une autre partie avec le même acide largement étendu d'eau; puis d'autres avec du carmin, des jaunes, etc. On en fait autant pour chacune des couleurs de la palette et l'on acquiert ainsi rapidement la connaissance de celle-ci et des ressources qu'elle offre.

Nous-même ne nous lassons pas de faire cette étude, et, par des combinaisons incessantes, des mélanges, des superpositions de couleurs sur des rognures de toiles, nous découvrons à chaque instant des moyens inattendus pour obtenir des effets artistiques.

Nous avons signalé la difficulté de trouver des tons vigoureux. On peut y remédier en centralisant dans un vase, sans distinction de ton, tous les résidus des pots ; en ajoutant à ce mélange une addition de carmin et d'outremer on obtient des tons ayant la vigueur qui manque aux couleurs de commerce, c'est-à-dire les tons presque noirs et chauds en même temps, si précieux pour terminer.

Les rouges sont ce qu'il y a de plus difficiles à obtenir. La tapisserie de Beauvais, celle des Gobelins, et même quelques tapisseries Flamandes nous en offrent d'une richesse désespérante. On ne peut atteindre ces valeurs qu'avec des glacis.

Supposons un vêtement dont les clairs soient jaunes, les taillés rouge vif, les repiqués rouge sombre, et, ce qui arrive quelquefois, les reflets jaune d'or. On couche entièrement le vêtement avec de l'acide picrique. Une fois sec, on couche les parties rouge sombre avec de la terre de Cassel, et les reflets, soit avec de la terre de Sienne naturelle, soit avec de la terre d'Italie ; on laisse sécher de nouveau et on glace le tout avec du carmin pur en réservant bien entendu les parties claires et les reflets qui doivent rester jaunes ; quelquefois c'est du vermillon qu'il convient de prendre comme dessous. Ici encore c'est l'expérience qui sera le meilleur guide.

Nous ne nous étendrons pas davantage sur le mélange des couleurs et nous ne croyons pas non plus nécessaire d'insister sur l'obligation de tenir la toile constamment propre et, à cet effet, de ne pas dessiner directement dessus.

Il peut arriver que des parties qui auraient dû venir claires viennent trop foncées. Il faut alors prendre une brosse bien dure et avec de l'eau propre frotter sur la partie à adoucir de façon à faire entrer comme de force le ton dans la toile. Quand on a frotté pendant quelques secondes, on reprend de l'eau, on lave la brosse, et on recommence cette opération pendant quelques minutes. La toile, à force d'être mouillée, devient très-foncée; il ne faut pas s'en inquéter en séchant elle redevient claire.

On peut encore remplacer l'eau pure par l'eau de Javel ; mais, dans l'un ou l'autre cas, surtout si la partie est peinte depuis quelques temps, le résultat est incomplet. Le mieux est d'appeler l'imagination au secours de la maladresse de la main et de motiver le ton manqué par un détail quelconque.

Au cours des leçons précédentes, nous avons insisté pour la séparation nette des tons à l'ébauche ; on a dû remarquer qu'en finissant, ces tons se trouvaient fondus par des hachures. Nous croyons utile de revenir par quelques considérations sur ces dernières.

En examinant les tapisseries, quelles qu'elles soient, flamandes ou autres, on remarquera que les hachures sont toujours droites, en pointes, quelquefois en fuseaux, mais toujours verticales, jamais inclinées, ni courbes dans quelque sens que ce soit ; c'est le côté caractéristique des tapisseries, dû à leur mode de fabrication. Le travail des hachures donne d'excellents résultats ; il laisse aux contours toute la fermeté nécessaire ; il les fond assez, fait vibrer les tons au travers les uns des autres et donne cet aspect chaud qui est une des qualités de ce genre de peinture. Ce travail, qui paraît long au premier abord, s'exécute avec une très-grande facilité avec un peu de pratique.

Dans toutes les tapisseries on peut classer les tons en gammes; il est bien rare qu'un ton ne puisse pas rentrer dans une gamme ou dans une autre. En existât-il qu'on peut toujours le corriger à l'aide de la palette.

Nous ne saurions trop insister sur la nécessité de ne pas aller trop vite en commençant, de ne pas craindre les essais, de copier d'abord

des modèles peints pour arriver plus facilement ensuite à copier direc-
temeut des tapisseries, en ayant soin toutefois de débuter par des ver-
dures flamandes, qui sont les plus simples. Tels sont les principes
généraux et les quelques observations pratiques nécessaires à suivre ;
en s'y conformant avec persévérance on peut assurément compter sur
une réussite certaine et rapide.

PEINTURES SUR TOILES SOUPLES

IMITATION DE TAPISSERIE

PROCÉDÉS DIVERS

Indépendamment du procédé aux couleurs liquides que nous venons de traiter et qui laisse à la toile toute la souplesse de la tapisserie, il en existe d'autres qui, sans atteindre le même degré de perfection, quant à l'imitation des tapisseries, peuvent cependant rendre dans certains cas d'incontestables services.

Nous allons les passer succinctement en revue, en signalant les avantages et les inconvénients de chacun d'eux.

PEINTURE A L'ŒUF

Cette peinture, dite aussi peinture à l'albumine, est certainement une des plus anciennement connues. On s'accorde à penser que les fameuses toiles peintes qui existent à l'Hôtel-Dieu de Reims ont été exécutées par un procédé analogue.

Elle s'exécute avec les couleurs ordinaires, soit terres ou ocres, laques, etc., réduites en poudre impalpable et broyées avec du blanc d'œuf. Pour étendre ces couleurs sur la toile, on emploie

6

un liquide qui s'obtient en battant des blancs d'œufs, mélangés d'une fois leur volume d'eau, jusqu'à ce qu'il se produise une mousse épaisse, et après repos.

Il faut avoir soin de broyer très-finement les couleurs, et, ce qui est assez difficile, de les étaler en quantité suffisante pour couvrir la toile sans cependant en boucher le grain.

On passe ensuite sur la peinture une solution d'acide acétique ou de vinaigre étendu d'eau, ou on la soumet à une chaleur d'au moins 60 degrés, de manière à coaguler l'albumine contenue dans la peinture, pour fixer complétement celle-ci.

Ce procédé qui, au premier abord, donne d'excellents résultats, puisqu'il permet d'obtenir une peinture en quelque sorte hydrofuge, est malheureusement peu pratique ; la cherté des matières employées, leur peu de stabilité (le blanc d'œuf se corrompt très-vite) et l'odeur qu'elles dégagent, ont entravé les quelques essais, fort estimables d'ailleurs, que des hommes intelligents ont tentés dans ces derniers temps. Aussi n'est-ce qu'à titre de renseignement que nous signalons ce genre de peinture.

PEINTURE A LA CIRE

Ce procédé permet de peindre avec des couleurs à l'huile tont en laissant à la toile une grande partie de sa souplesse. Toutefois cette souplesse, on le comprend, n'égale pas celle que laissent les couleurs liquides.

Sur une toile préalablement encollée [1], avec une brosse un peu dure, en frottant fortement afin de bien pénétrer le tissu, on peint avec des couleurs à l'huile broyées avec du gluten ; on mélange ces couleurs avec une dissolution de cire vierge et d'essence de térébenthine

---

1. On bat de la colle de pâte à laquelle on ajoute peu à peu un tiers de son poids d'eau ; après en avoir formé une pâte liquide, bien homogène, on la passe dans un tamis afin d'en enlever toutes les impuretés, et on couche la toile avec cet encollage.

en quantité suffisante pour obtenir un liquide légèrement pâteux. On prépare les tons dans des pots comme pour les couleurs liquides, et on juxtapose les tons en évitant les empâtements. Une fois les tons secs, si l'effet désiré n'est pas produit, on peut revenir avec des glacis.

Les tons perdant toujours de leur valeur en séchant, on doit toujours se tenir une gamme au-dessus de celle que l'on désire.

Ce procédé, assez commode pour ceux qui ont l'habitude de peindre à l'huile, est peut-être un peu plus expéditif que celui aux couleurs liquides ; mais il donne des tons moins transparents, et les vigueurs sont très-difficiles, sinon impossibles à obtenir.

Des palettes spéciales sont indispensables pour ce genre de peinture ; les godets en sont disposés pour empêcher la dessiccation des couleurs.

PEINTURE A L'ESSENCE

Les couleurs à l'huile ordinaire peuvent être également employées, mélangées simplement à l'essence de térébenthine rectifiée, exactement comme pour le procédé à la cire, c'est-à-dire, en préparant d'avance les gammes dans les godets, afin d'avoir une pâte bien mélangée.

L'encollage de la toile, pour ce genre de peinture comme pour le procédé à la cire, doit être très-léger.

PEINTURE MIXTE

Pour les personnes qui n'ont pas les loisirs nécessaires pour se mettre à la manipulation des couleurs liquides, mais qui possèdent à fond la peinture à l'huile, ce procédé est, de tous ceux où entrent les couleurs à l'huile, celui qui laisse le plus de souplesse à la toile.

La toile doit être employée sans encollage. Après l'avoir tendue, passée au trait, etc., on ébauche avec les premiers et deuxièmes tons de chacune des gammes des couleurs liquides, puis on termine avec les couleurs à l'huile ordinaires, additionnées de quelques gouttes d'essence à la cire.

Il faut, contrairement au précédent procédé, peindre avec la couleur en pâte, en effleurant seulement la toile avec la brosse, de manière à ne pas entrer dans le grain. La couleur, n'étant ainsi posée qu'à la superficie du tissu, laisse apercevoir la préparation aux couleurs liquides et donne des résultats assez piquants.

Nous passerons sous silence la peinture à la détrempe ou à la colle. Ce procédé, spécialement employé pour la décoration de théâtre, donne des effets merveilleux; mais il est si rarement applicable à la décoration intérieure, que nous ne croyons pas devoir nous en occuper; il entraîne d'ailleurs un outillage peu pratique pour un amateur.

PEINTURE A L'HUILE SUR TOILE PRÉPARÉE

Lorsque les peintures doivent couvrir des murs accessibles à l'humidité, il faut absolument renoncer aux couleurs liquides et se servir de celles à l'huile.

Il existe des toiles préparées pour ce genre de peinture, elles peuvent être marouflées directement sur le mur, soit avant ou après l'exécution du motif à représenter. Le mur doit être préalablement recouvert d'un enduit spécial.

Nous pouvons affirmer qu'on obtient ainsi une peinture d'une solidité à toute épreuve. Au bout de quelque temps, la toile fait tellement corps avec le mur, qu'il n'est plus possible de l'enlever sans dégrader celui-ci. On peut voir, à la Bibliothèque nationale, la grande galerie Mazarine, dont les vieux murs sont décorés par nous avec des *toiles Binant* ainsi préparées et marouflées avant peinture. (Les salles d'assises du Palais de justice, les salles du conseil d'État au Palais-Royal, la salle des mariages dans les mairies des IVe et VIIIe arrondissements, ont été décorées sur toiles marouflées, et par les mêmes procédés). Nous en avons même exécuté dans des endroits exposés à toutes les intempéries, et le résultat a toujours été excellent. Que la toile soit marouflée ou non à l'avance, on la peint avec les couleurs à l'huile ordinaires.

PEINTURE AUX ACIDES

Un brevet d'invention a été pris en 1869 (brevet abandonné depuis) pour un procédé qui offre peu de garanties de solidité à cause de sa nature même.

Il consiste dans l'emploi exclusif de couleurs minérales préalablement mélangées avec de l'acide sulfurique, de l'acide nitrique et de l'acide acétique en proportions égales.

Les couleurs doivent être bien broyées, et pour les employer, dit l'auteur, on les mélange et les liquéfie avec de l'alcool et de l'ammoniaque dans la proportion de cent grammes de matière colorante par litre d'alcool et 200 grammes d'ammoniaque.

Pour qui connaît l'action destructive des acides sulfurique et nitrique sur les tissus, ce procédé ne peut inspirer aucune confiance, et nous ne le signalons ici que pour tenir nos lecteurs en garde contre ses résultats désastreux.

On comprendra que nous ne pouvons, sans sortir du cadre que nous nous sommes tracé, nous étendre davantage sur les différents genres de peinture que nous venons d'indiquer. Chacun d'eux pourrait faire l'objet d'un livre spécial. Nous avons voulu seulement donner aux personnes ayant connaissance de la peinture à l'huile, le moyen d'approcher le plus possible de la souplesse que notre procédé permet d'obtenir.

Quant aux personnes familières avec l'aquarelle, l'emploi des couleurs liquides sera pour elles un jeu, et le résultat les récompensera largement de l'essai qu'elles en feront.

DE LA DORURE

La dorure joue dans la décoration un rôle assez important, pour qu'il soit utile d'en indiquer les procédés.

Si la partie à dorer est destinée à servir de fond, il faut, en réservant les parties où il ne doit pas y avoir de métal, passer du vernis gomme laque en couches successives jusqu'à ce que la toile reste brillante. Autrement celle-ci happerait la mixtion que l'on passe ensuite. Cette mixtion est de l'huile préparée exprès pour la dorure et s'emploie telle qu'elle se trouve dans le commerce. On la teinte légèrement avec du jaune de chrome à l'huile, pour en faciliter l'emploi. On étale cette mixtion avec une brosse, comme on le fait pour la couleur ordinaire, en ayant soin de la bien faire pénétrer dans le grain de la toile.

On laisse sécher cette mixtion à l'abri de la poussière jusqu'à ce que, sans venir au doigt, elle ait encore des tendances à y adhérer. L'expérience indique rapidement ce degré de siccité, assez délicat à apprécier.

Le dessous de la dorure étant ainsi préparé, on commence à coucher l'or, c'est-à-dire à en appliquer les feuilles sur les parties recouvertes de mixtion.

Cette opération se fait à l'aide d'un coussin à dorer sur lequel on étale la feuille d'or avec un conteau spécial qui sert également à les diviser au besoin ; puis, on se sert d'un blaireau pour prendre la feuille d'or et la fixer sur la mixtion.

Les feuilles d'or s'appliquent sur la mixtion en commençant par le bas de la toile, on appuie ces feuilles avec un pinceau doux, spécial à cet usage, pour qu'elles pénètrent bien dans la toile ; on époussette ensuite, soit avec un putois, soit avec un tampon de ouate, en commençant toujours par le bas, afin de faire passer l'excédant des feuilles d'or sur les parties où il y aurait des lacunes.

Dans les travaux importants comme surface et qui ne sont pas sous l'œil, on remplace souvent l'or par de l'étain, que l'on glace avec du vernis Sœhnée, dit vernis à l'or, ce qui fait une notable économie. On obtient ainsi un ton jaune métallique qui, bien que n'ayant pas l'éclat et la finesse de l'or, peut cependant suffire dans bien des cas.

Si on applique de l'or sur des parties déjà peintes à l'huile, il est inutile de passer du vernis gomme laque ; on prend seulement la précaution de frotter du blanc d'œuf battu en neige sur la peinture, on couche de mixtion, on dore comme nous avons dit, et on enlève ensuite le blanc d'œuf avec une éponge douce fortement imbibée d'eau. Cette précaution est nécessaire pour empêcher l'or de prendre sur la peinture dans les parties non couchées de mixtion. L'or prend bien quelquefois sur le blanc d'œuf, mais alors au lavage il disparaît avec celui-ci.

DES TOILES DE GRANDES LARGEURS

POUR LA DÉCORATION

Il nous reste à appeler l'attention de nos lecteurs sur le parti avantageux que l'on peut tirer des toiles de grande largeur pour la décoration.

Avant la création de ce nouveau moyen d'accélération de travail, on était astreint à des retards inévitables d'exécution. Lorsqu'il s'agissait d'une décoration d'ensemble, d'un hôtel en construction, par exemple, l'artiste était obligé d'attendre que le travail de tous les corps d'état qui collaborent à l'édification du plan de l'architecte aient terminé leur tâche respective, avant de pouvoir commencer son œuvre. Les travaux de peinture décorative, lorsqu'ils doivent être soignés, exigent une certaine lenteur d'exécution ; arrivant fatalement à la fin d'un séjour déjà prolongé d'ouvriers de tout genre, ils fatiguent le propriétaire et lui font souvent prendre un parti qui amoindrit son premier élan décoratif lorsqu'il ne lui en fait pas supprimer la plus forte partie ; l'artiste se trouve alors privé de la rémunération légitime de ses études préliminaires de maquettes, projets, etc., sur laquelle il était en droit de compter.

Un autre inconvénient non moins grave, qui est à relater aussi, c'est que, pressé souvent par des délais résultant d'engagements pris, on était obligé, pour arriver en temps utile, d'employer des auxiliaires plus ou moins aptes à exécuter un projet conçu dans un ordre d'idées personnel à l'auteur.

Le désavantage pour l'artiste était encore bien plus certain à un autre point de vue. Nul n'ignore qu'en matière de construction, si tous les devis sont souvent dépassés, cela tient à des causes indépendantes de la volonté de l'architecte. Lorsque l'on arrive en fin de travaux, — et c'est malheureusement alors qu'apparaît le peintre décorateur, — des nécessités de budget rendent son concours presque inutile.

L'apparition de la toile pour la peinture décorative n'a certainement pas eu pour effet de détruire tous ces inconvénients; mais elle a contribué incontestablement à les atténuer dans une large mesure.

Ainsi, quant à l'accélération du travail, tous les architectes ont reconnu qu'il était possible de mettre en même temps en œuvre et la maçonnerie et la peinture des plafonds. Nous pourrions citer de nombreux exemples de ce mode de procéder. Pendant que le gros œuvre se fait sur place, que la charpente, la menuiserie, la serrurerie se préparent dans les ateliers, l'artiste, à l'aide de renseignements exacts fournis par l'architecte, sans déplacement aucun ni pour lui ni pour ses collaborateurs, étudie et exécute tranquillement à son atelier, sans fatigue, à son heure, les motifs de décoration qui doivent prendre leur place dès que tout sera terminé pour les autres et qu'un marouflage, inaperçu pour ainsi dire, suffira pour couronner l'œuvre de l'architecte.

C'est ainsi qu'on a opéré dans ces dernières années pour la plupart de nos monuments publics et particuliers; Églises, Théâtres, Hôtels, ont eu leurs peintures exécutées au cours des travaux de construction et les résultats ont toujours été très-concluants.

Un autre point capital dont on ne s'est pas assez préoccupé jusqu'ici et qui doit être signalé, c'est que, par l'emploi de la toile les peintures sont à l'abri de la destruction inévitable résultant de l'avarie des plâtres et des enduits. On peut toujours remédier à un accident de ce genre en déposant la toile pour faire une réparation et en la remarouflant ensuite.

Si nous ajoutons à l'énumération qui précède la possibilité de déplacer les peintures à n'importe quelle époque pour les remaroufler ailleurs, nous aurons complété les points principaux qui démontrent l'utilité de l'emploi de la toile pour la peinture décorative.

———

La décoration d'un appartement se compose généralement de plafonds, de panneaux et dessus de porte.

Il existe pour ces trois parties distinctes de la décoration, des toiles, de genres différents, qui doivent être employées de préférence pour chacune d'elles ; ainsi, pour les plafonds d'appartements de peu d'élévation, au-dessous de trois mètres de hauteur, par exemple, il est nécessaire d'employer la toile grain fin ; pour ceux d'une hauteur ordinaire de trois à quatre mètres la toile grain moyen est préférable, et pour les hauteurs au-dessus de quatre mètres la toile dite Plafond gros grain doit être adoptée.

Pour les panneaux à maroufler en surfaces murales d'appartement, la toile dite à décor est généralement usitée ; lorsqu'il s'agit de panneaux qui doivent être dorés en partie, ou en plein pour fonds d'or, il existe une toile spéciale à la dorure, qui est lisse, sans grain, et se maroufle avec une très-grande facilité.

Les toiles à grain, dites *genre tapisserie*, pour le marouflage, conviennent pour les surfaces murales de : *Salles à manger, Panneaux d'escaliers, Salles de billard, Fumoirs, Cabinets de travail, Bibliothèques, Galeries, Antichambres, Vestibules, Magasins, Cafés, Restaurants*, etc.

Ce genre de toile existe en plusieurs types : Carré, Fougère, Reps, etc., de diverses forces de grains.

Une application de ces derniers à la décoration des monuments religieux est appelée à ouvrir une voie nouvelle d'un grand avenir.

Les peintures murales de la plupart des églises n'ont été exécutées jusqu'à présent que sur la pierre ou sur des enduits. Toutes les peintures ornementales des chapelles de Notre-Dame et celles de l'église Saint-Germain-l'Auxerrois ont été faites ainsi. Les premières, d'une date récente, n'ont encore subi aucune altération ; mais il est à présumer qu'elles subiront infailliblement les effets du temps, Quant aux secondes, l'expérience est toute faite et l'état de dégradation des peintures du porche ne laisse aucun doute sur leur destruction totale.

Nous pourrions en citer beaucoup d'autres.

Ces inconvénients, d'une gravité incontestable au point de vue de l'art, n'existeront plus désormais ; toutes les peintures murales qui seront exécutées sur les toiles que nous signalons, après avoir été solidement marouflées à la céruse assureront aux œuvres artistiques une durée illimitée.

Pour la peinture ornementale des églises, de même que pour les peintures d'histoire, on peut exécuter à l'atelier les motifs d'une décoration d'ensemble qui peuvent être marouflés après peinture, et trouver là également une économie notable pour le budget des fabriques.

Quelles ressources immenses ne peut-on trouver encore pour la décoration des monuments religieux par l'emploi des toiles souples, de points divers, sur lesquelles on peut reproduire des sujets bibliques, genre tapisserie, et rappeler ainsi les tentures du moyen âge.

Il existe dans cette voie nouvelle une mine féconde pour les artistes ; les essais tentés depuis quelque temps permettent d'assurer à ceux qui seront persévérants un succès certain.

DU MAROUFLAGE DES PEINTURES

Maroufler, en terme de peinture, est une opération qui consiste à fixer une toile, sur une surface quelconque, à l'aide d'une matière adhérente appelée maroufle. Elle présente quelques difficultés d'exécution, et, pour qu'elle réussisse, il faut une certaine habileté de main afin d'éviter les accidents tels que cassures, déchirements, effaçages, etc., accidents très-graves, irréparables lorsqu'il s'agit d'œuvres d'anciens maîtres, et toujours visibles, même après des retouches habiles, lorsque ce sont des peintures modernes.

Les peintures sur toile qui existent dans nos principaux monuments ont nécessité jusqu'ici l'intervention d'un personnel nombreux pour leur mise en place, mais il existe maintenant des moyens pratiques qui permettent d'opérer avec une grande précision et en toute sécurité.

Il est donc du plus grand intérêt, lorsqu'il s'agit d'œuvres sérieuses, de ne confier cette opération qu'à des mains expérimentées.

RESTAURATION ARTISTIQUE DES TAPISSERIES

L'extension du goût artistique que nous avons signalé à l'attention de nos lecteurs au début de cet ouvrage, et sa direction vers les tapisseries de toutes les époques, ont eu pour conséquence logique la recherche constante de ces œuvres d'art par les collectionneurs.

Les belles tapisseries bien conservées ont été vite centralisées entre les mains des amateurs favorisés, et elles deviennent de plus en plus rares. Il s'en découvre pourtant encore de temps à autre qui, quoique moins parfaites, peuvent encore cependant acquérir une certaine valeur par une restauration artistique habilement exécutée.

La restauration par le tissage (rentrayage), par un tapissier, est très-dispendieuse et se chiffre par centaines de francs, pour des surfaces de quelques décimètres ; mais la spéculation aidant, on a trouvé un moyen plus économique et plus expéditif, qui consiste à composer une tapisserie de pièces et de morceaux pris au hasard, dans n'importe quel lambeau dépareillé ; coupant et enlevant les parties effacées, les remplaçant par d'autres morceaux mieux conservés de ton, on est arrivé à former ainsi des compositions par à peu près.

Ce genre de reconstruction du vieux s'obtient généralement par des collages grossièrement exécutés, masqués par une doublure et mis en vente publique. Quelques amateurs s'y laissent prendre et ne reconnaissent le subterfuge qu'après un examen tardif, alors qu'ils sont en possession de leur acquisition sans valeur.

L'attention doit donc se porter avec un soin scrupuleux sur les raccords des sujets, sur les points du tissu, sur le fil des coutures qui, s'il est de la même époque, doit avoir conservé, dans l'épaisseur de l'étoffe, sa nuance primitive, bien que les points apparents soient éteints de ton.

Mieux vaut se rendre acquéreur d'une pièce ayant quelques parties effacées, quelques lacunes même, mais sans collage de morceaux. La restauration peut alors se faire avec facilité, et elle est bien simple; il suffit de se procurer des parties d'étoffe du point de l'époque, de combler les lacunes au moyen de coutures faites dans le sens de celles qui existent dans le travail de la tapisserie, et, avec les couleurs liquides, ébaucher la partie du sujet à compléter sur l'étoffe rapportée, par superpositions de tons, jusqu'à ce que la valeur de la tonalité générale soit atteinte.

Par l'addition de filets, d'entre-deux, de bordures, on peut agrandir certaines compositions et les mettre en harmonie avec la dimension des surfaces à orner de ces étoffes, tout en conservant intact le sujet principal.

Ce mode de restauration est très-expéditif, peu dispendieux; il est artistique, puisqu'il ne dénature pas le sujet restauré, et il donne, en résumé, un résultat identique à la restauration tissée, puisque les fils qui s'emploient pour ce dernier mode ne sont rien autre que des fils teints.

Paris. — Typ. PILLET et DUMOULIN, 5, rue des Grands-Augustins.

TABLE DES MATIÈRES

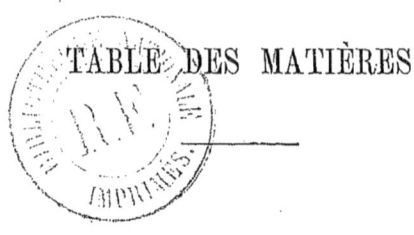

Paris. — Typ. PILLET et DUMOULIN, 5, rue des Grands-Augustins.

AVIS

Tous les Objets composant le matériel de l'atelier se trouvent chez les marchands de couleurs dépositaires de la brochure.

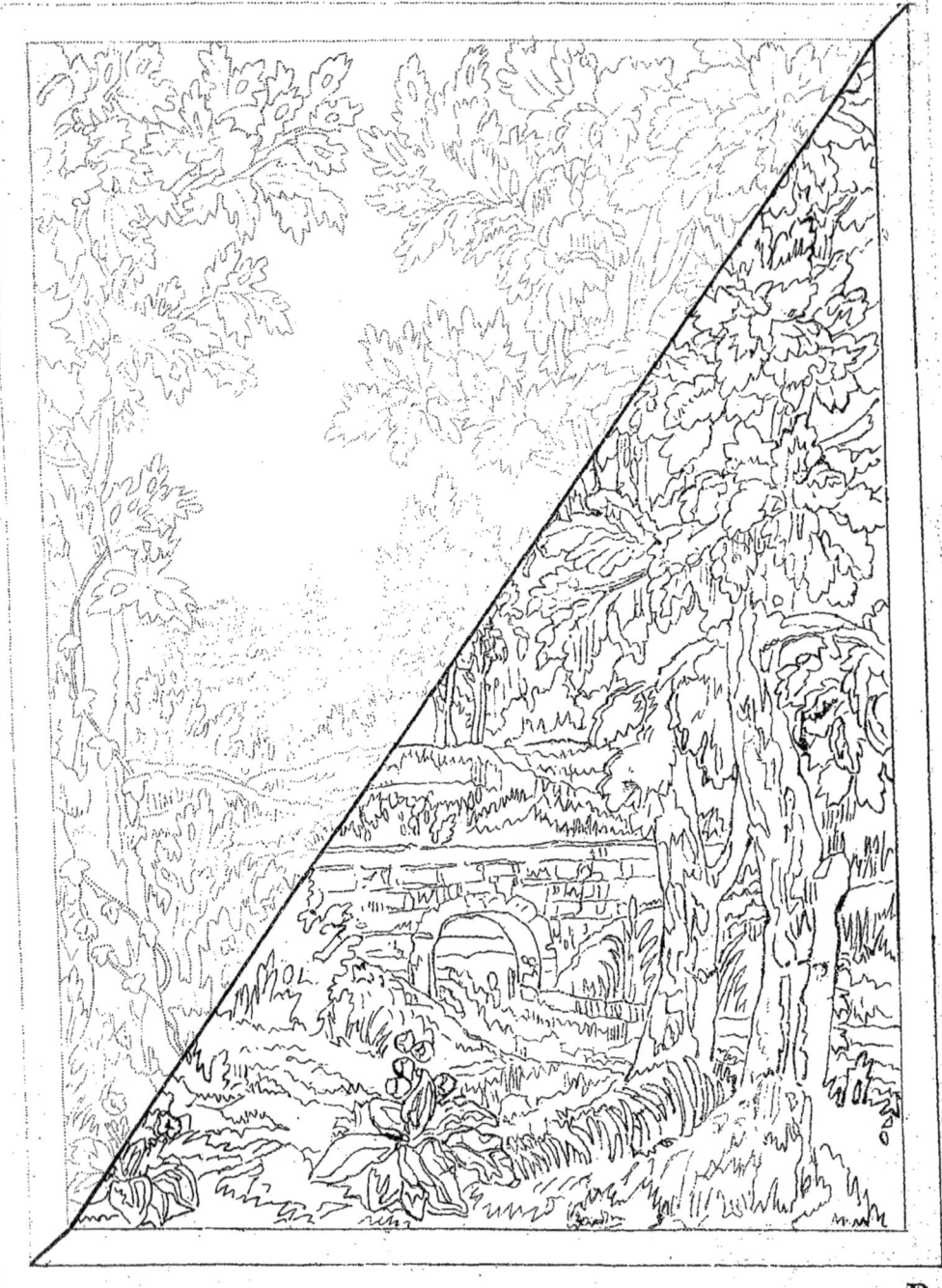

C *PL.2.*

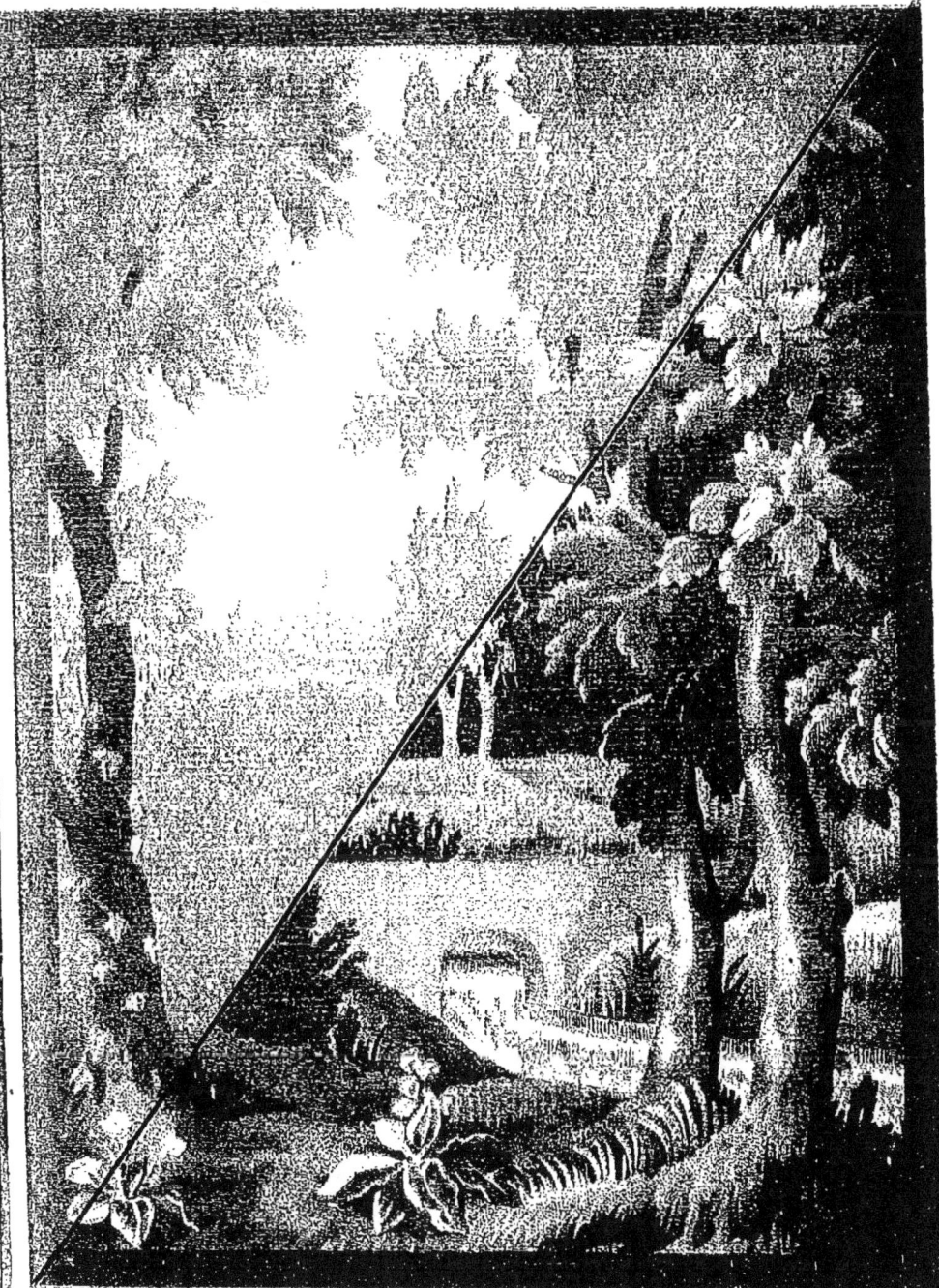

D

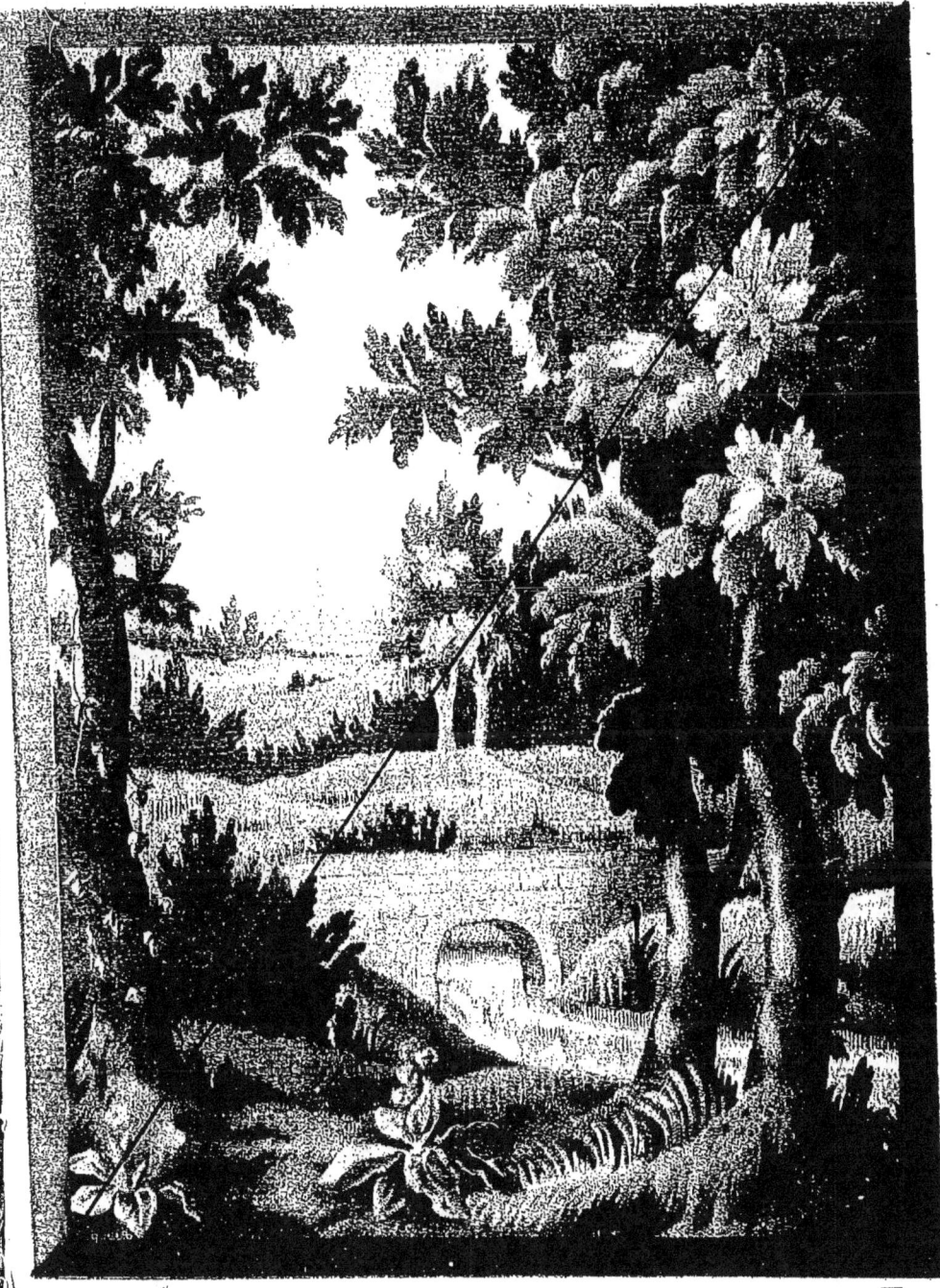

F

G

PL. 4.

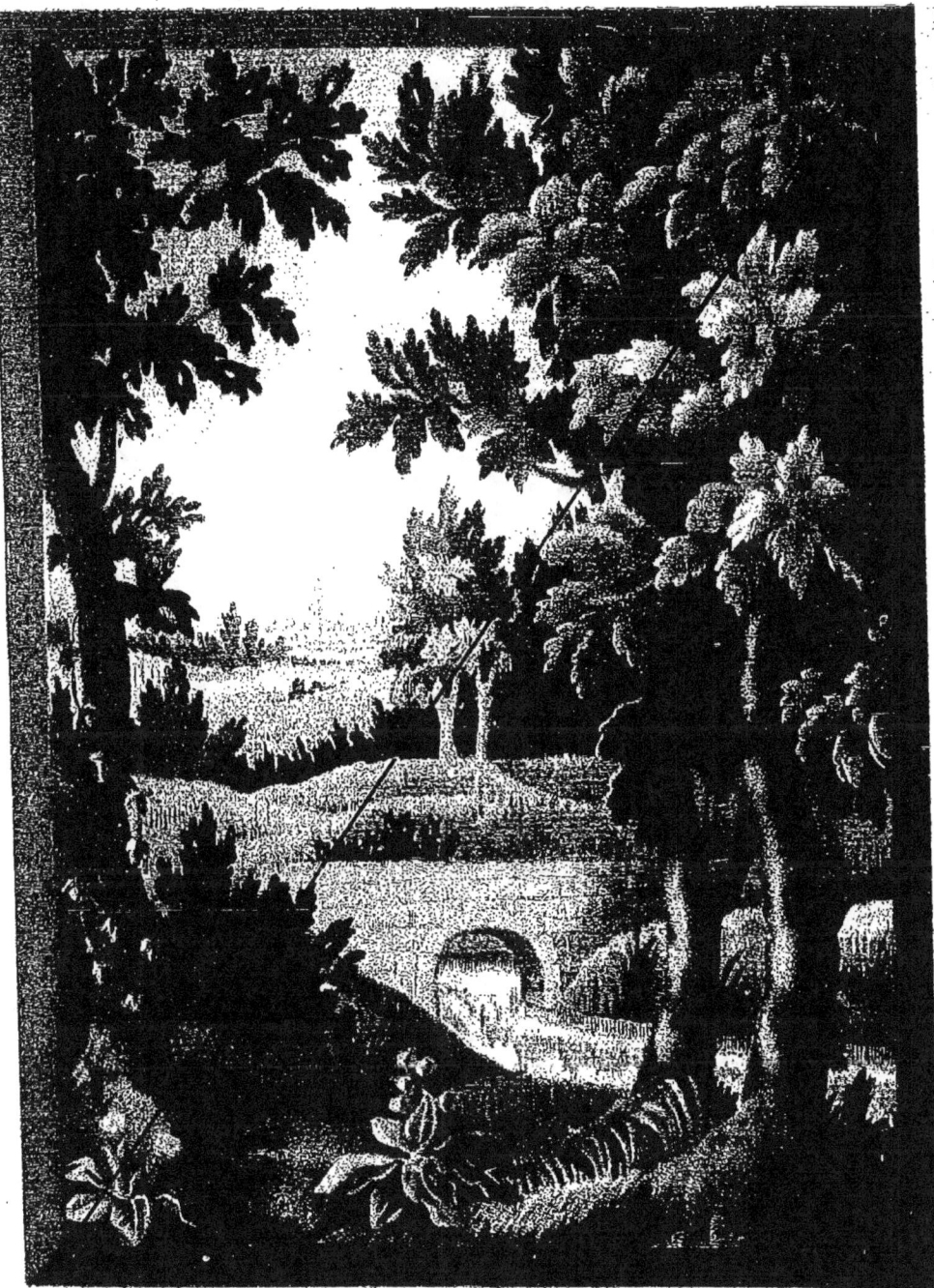

H

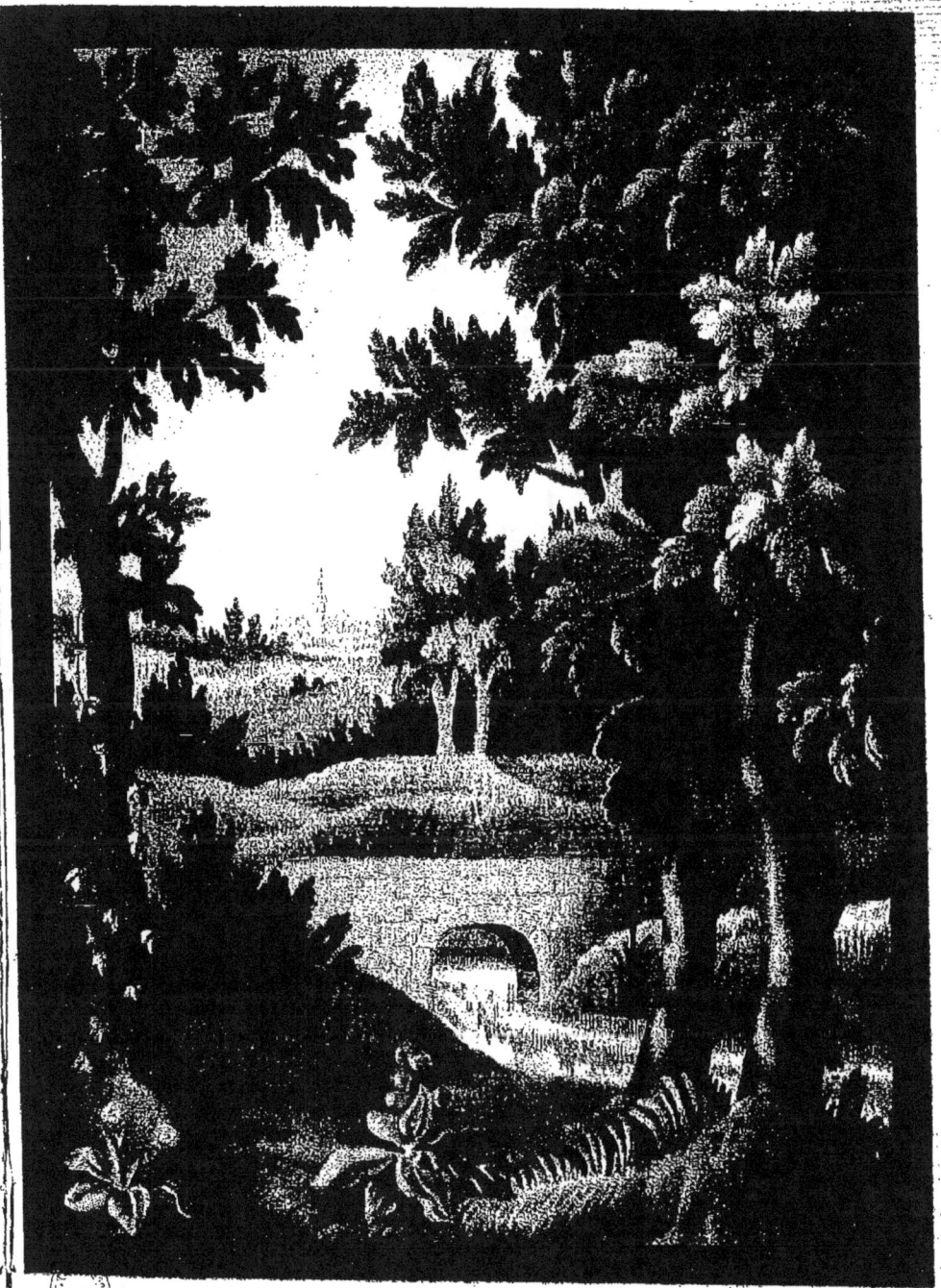

IMP. J. MARIL, FAUB. S¹ DENIS, 61, PARIS

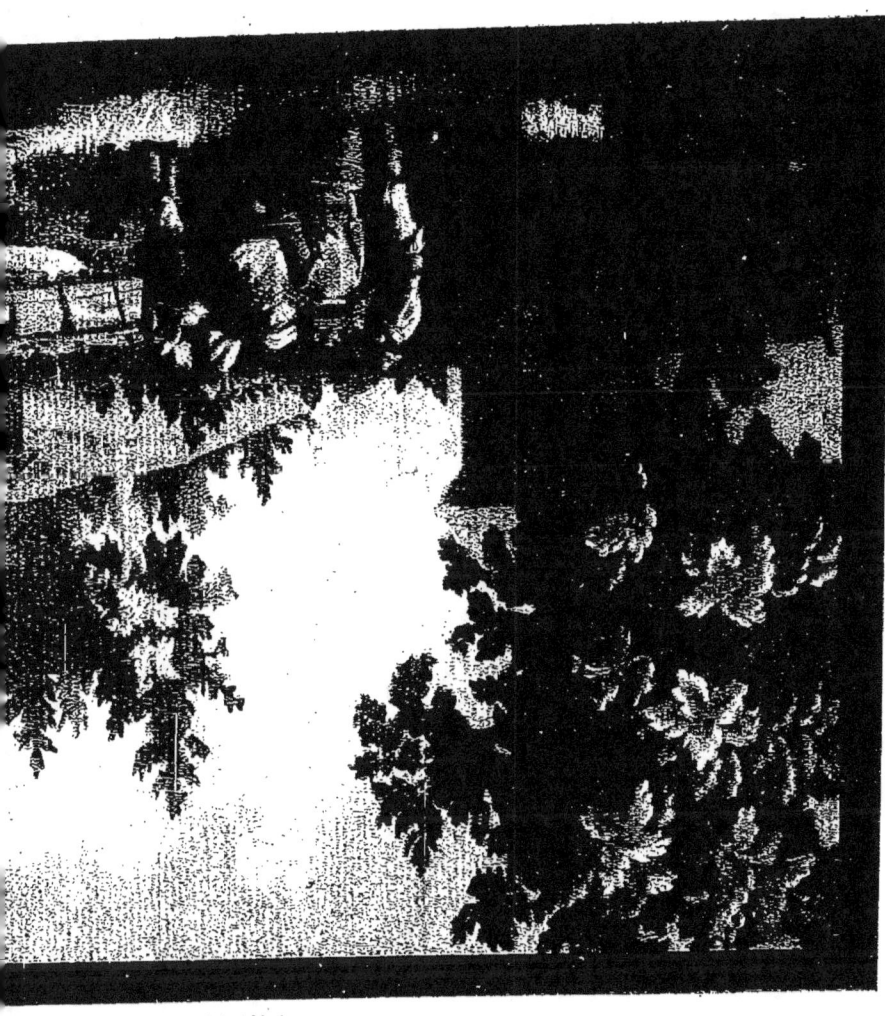

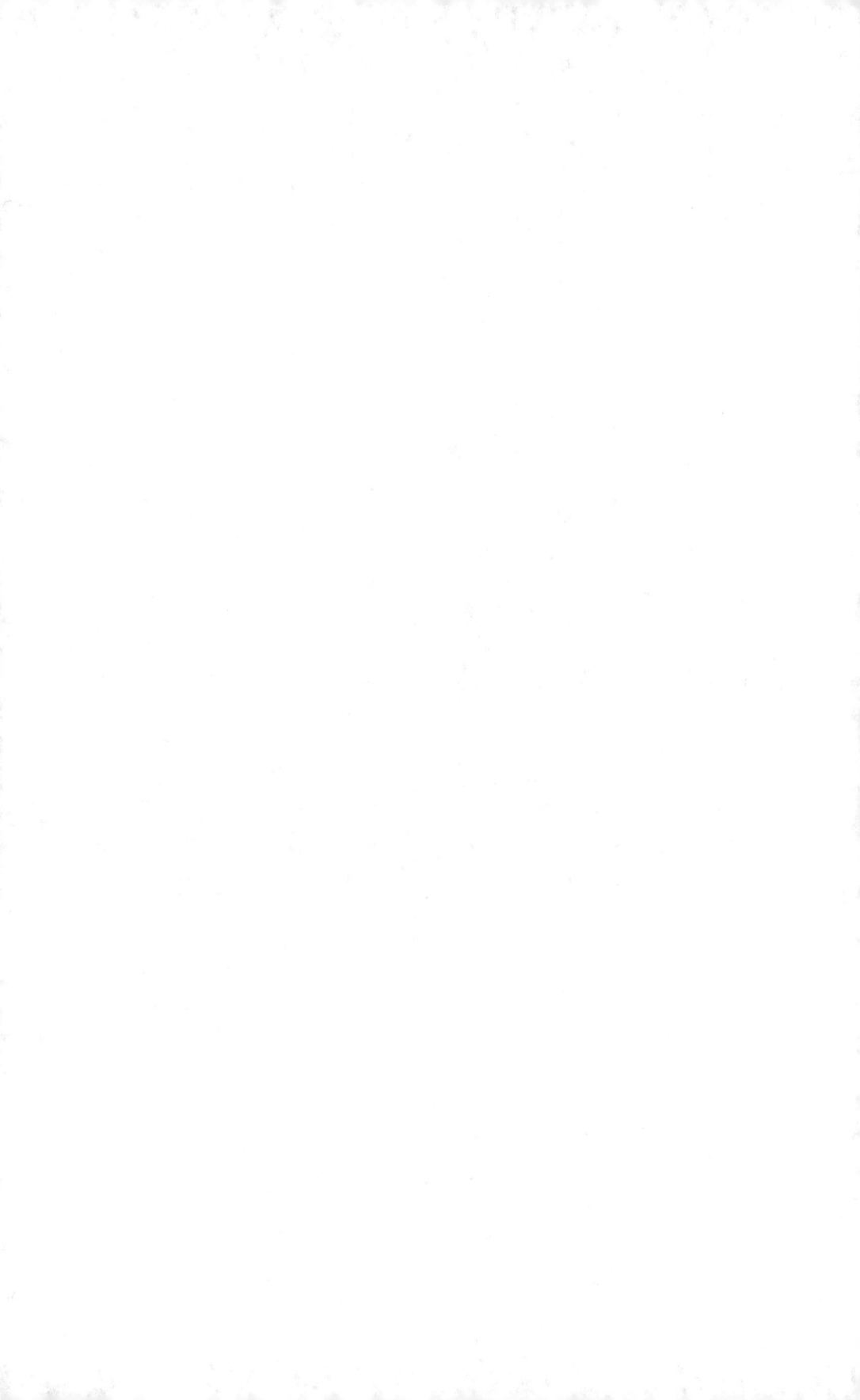